Desaparecer de si

Dados Internacionais de Catalogação na Publicação (CIP)
(Câmara Brasileira do Livro, SP, Brasil)

Le Breton, David
  Desaparecer de si : uma tentação contemporânea / David Le Breton ; tradução Francisco Morás. – Petrópolis, RJ : Vozes, 2018.

  Título original : Disparaître de soi : une tentation contemporaine.
  Bibliografia.

  6ª reimpressão, 2023.

  ISBN 978-85-326-5742-8

  1. Antropologia filosófica 2. Antropologia social 3. Corpo humano (Filosofia) I. Título.

18-13150   CDD-301

Índices para catálogo sistemático:
1. Desaparecer de si : Antropologia e sociedade : Sociologia   301

DAVID LE BRETON

Desaparecer de si
Uma tentação contemporânea

Tradução de Francisco Morás

Petrópolis

© Éditions Métailié, Paris, 2015.

Tradução realizada a partir do original em francês intitulado
Disparaître de soi – Une tentation contemporaine

Direitos de publicação em língua portuguesa – Brasil:
2018, Editora Vozes Ltda.
Rua Frei Luís, 100
25689-900 Petrópolis, RJ
www.vozes.com.br
Brasil

Todos os direitos reservados. Nenhuma parte desta obra poderá ser reproduzida ou transmitida por qualquer forma e/ou quaisquer meios (eletrônico ou mecânico, incluindo fotocópia e gravação) ou arquivada em qualquer sistema ou banco de dados sem permissão escrita da editora.

CONSELHO EDITORIAL
Diretor
Gilberto Gonçalves Garcia

Editores
Aline dos Santos Carneiro
Edrian Josué Pasini
Marilac Loraine Oleniki
Welder Lancieri Marchini

Conselheiros
Elói Dionísio Piva
Francisco Morás
Ludovico Garmus
Teobaldo Heidemann
Volney J. Berkenbrock

Secretário executivo
Leonardo A.R.T. dos Santos

Editoração: Leonardo A.R.T. dos Santos
Diagramação: Sheilandre Desenv. Gráfico
Revisão gráfica: Nilton Braz da Rocha / Nivaldo S. Menezes
Capa: WM design

ISBN 978-85-326-5742-8 (Brasil)
ISBN 979-10-226-0160-3 (França)

Este livro foi composto e impresso pela Editora Vozes Ltda.

Quem não aceita este mundo, nele não constrói morada. Se tem frio, é sem ter frio. Tem calor, sem calor. Se derruba bétulas, é como se nada derrubasse; mas as bétulas estão aí, por terra, e ele recebe o dinheiro combinado, ou, ao contrário, só recebe pancadas. Pancadas como uma dádiva sem sentido, e desaparece sem se impressionar.

Henri Michaux. *La nuit remue*
[A noite se mexe].

Para mim tudo terminou na terra. Já não me podem fazer mais nem bem nem mal [...]; tranquilo no fundo do abismo [...], mas impassível como o próprio Deus.

Rousseau. *Rêveries du promeneur solitaire*
[Devaneios do caminhante solitário].

Sumário

Preâmbulo – Difíceis identidades contemporâneas, 9
1 Não ser mais ninguém, 21
   A vida impessoal, 21
   Indiferença, 33
   Pessoa: multiplicar-se para não ser ninguém, 42
   De Lawrence da Arábia a J.H. Ross, 47
2 Maneiras discretas de desaparecer, 51
   Desaparecer no sono, 51
   O *pachinko* ou as astúcias da dissipação de si, 57
   A fadiga desejada, 58
   Burnout, 61
   Depressões, 68
   Personalidades múltiplas, 74
   Imersão em uma atividade, 77
3 Formas de desaparecimentos de si na adolescência, 81
   Apagar as coerções da identidade, 81
   Errância de espaço, errância a si, 86
   No coração do branco, 94
   Deslizar no infinito do virtual, 97
   Hikikomori, 103
   O desaparecimento no outro, 108
   O longo transe anoréxico, 113
   A perda de consciência como busca de coma, 120
   O contramundo dos produtos psicóticos, 126

Aspiração à perda dos sentidos, 130
Desaparecer e regressar, 140
4 Alzheimer: desaparecer de sua existência, 143
Envelhecer, 143
Alzheimer, 152
Acompanhar o distanciamento, 163
5 Desaparecer sem deixar rastros, 167
Ausentar-se, 167
Desaparecer outrora, 170
Desaparecer hoje, 173
Organizar o próprio desaparecimento, 175
O desaparecimento de Majorana, 185
Exemplos literários de desaparecimento, 187
6 O si como ficções, 195
A identidade como processo, 195
Frágeis identidades, 200

As tentações da subjetividade contemporânea, 207

Referências, 211

Preâmbulo
Difíceis identidades contemporâneas

> *Nunca poderás senão querer tornar-te árvore também.*
>
> Georges Perec. *Un homme qui dort*
> [Um homem que dorme].

Às vezes, nossa existência nos pesa. Mesmo que por algum tempo tenhamos vontade de nos livrar das necessidades ligadas a ela, de tirarmos férias de nós mesmos para tomar fôlego, descansar. Embora nossas condições de vida sejam, decerto, melhores do que as de nossos ancestrais, elas não nos eximem do essencial que consiste em dar significado e valor à existência, em sentir-se ligado aos outros, em experimentar o sentimento de ter um lugar no seio do vínculo social. A individualização do sentido, ao libertar das tradições ou dos valores comuns, desvincula de toda autoridade. Cada um se torna seu próprio dono e só precisa prestar contas a si mesmo. O desmantelamento do vínculo social isola cada indivíduo e o entrega à sua liberdade, à fruição de sua autonomia ou, ao contrário, a seu sentimento de insuficiência, a seu fracasso pessoal. O indivíduo que não dispõe de recursos interiores sólidos para se ajustar, dar significados e valores aos acontecimentos, que não tem autoconfiança suficiente, sente-se ainda mais vulnerável e é obrigado a firmar-se por si mesmo, já que não encontra apoio na comunidade. Muitas vezes ele mergulha em um clima de tensão, de inquietude, de dúvida, que torna difícil sua vida. Nem sempre ele consegue encontrar prazer em viver. Muitos de nossos contemporâneos aspiram ao alívio da pressão que pesa em seus ombros, à suspensão do esforço constante para continuar sendo eles mesmos ao longo do tempo e das circunstâncias, sempre à altura das exigências para consigo mesmos e para com os outros. Mesmo quando nenhuma dificuldade pesa, pode emergir a tentação de desligar-se de si mesmo – nem que seja por algum tempo – para fugir das rotinas e preocupações. Qualquer desobrigação é bem-vinda, ela permite desapegar-se por um instante.

Em uma sociedade onde se impõem a flexibilidade, a urgência, a agilidade, a concorrência, a eficácia etc., ser si mesmo já não é algo evidente visto que a todo instante urge expor-se ao mundo, adaptar-se às circunstâncias, assumir sua autonomia, estar à altura dos acontecimentos. Já não basta nascer ou crescer, é preciso construir-se permanentemente, manter-se mobilizado, dar sentido à vida, fundamentar suas ações nos valores. A tarefa de individuação é árdua, sobretudo quando se trata de ser exatamente si mesmo. Encontrar os suportes de sua autonomia e bastar-se a si mesmo não é um dado evidente. Nem todos os indivíduos dispõem das mesmas capacidades. "Se as exigências morais se abrandaram, as coerções psíquicas invadiram o cenário social: a emancipação e a ação alargam desmedidamente a responsabilidade individual, elas aguçam a consciência de ser tão somente si mesmo [...]. Por isso a insuficiência é para a pessoa contemporânea o que o conflito era para a da primeira metade do século XX" (EHRENBERG, 1998: 276). O indivíduo fica doravante sem orientação para se construir, ou melhor, se vê diante de muitas possibilidades e entregue a seus recursos pessoais. Essa falta de apoio social e a ausência de regulação exterior nem sempre facilitam o acesso à autonomia. No entanto, todo indivíduo é responsável por si mesmo, mesmo que lhe faltem meios econômicos e, sobretudo, simbólicos para assumir uma liberdade que não escolheu, mas que lhe é outorgada pelo contexto democrático de nossas sociedades. E nessa busca ele está sozinho. Ele já não dispõe à sua volta, como outrora, de um quadro político para se afirmar em uma luta comum, já não é mais apoiado por uma cultura de classe e por um destino compartilhado com outros. Estar sob sua própria autoridade implica recursos interiores continuamente renovados, pois ela é fonte de inquietação, de aflição e mobiliza um esforço constante. A identidade tornou-se uma noção essencial para o questionamento de cada indivíduo e de nossas sociedades, mas hoje ela está em crise e alimenta uma "incerteza radical quanto à continuidade e a consistência de si mesmo" (GAUCHET, 2004: 257). A transparência desapareceu entre as diferentes formas de socialização e de subjetividade. Manter seu lugar no seio do vínculo social implica uma tensão, um esforço.

A velocidade, o fluxo dos acontecimentos, a precariedade do emprego, as mudanças múltiplas impedem a criação de relações privilegiadas com os outros e isolam o indivíduo. Apenas a continuidade, a solidez do vínculo social e seu enraizamento possibilitam criar amizades duradouras e, portanto, formas de reconhecimento no cotidiano. A sociabilidade de proximidade, por exemplo, torna-se mais fluida, efêmera, superficial devido à rotatividade permanente dos ocupantes dos apartamentos da rua ou do bairro. Torna-se difícil conhecer os vizinhos. O indivíduo hipermoderno é descompromissado. Precisa dos outros, mas também de seu distanciamento. Marcel Gauchet lembra que a cidadania, há alguns anos atrás, era uma conjunção entre o geral e o particular. Cada indivíduo devia apropriar-se do ponto de vista do conjunto, situar-se como um entre outros, em um movimento em que nem um nem o outro se perdem. Hoje, "o que prevalece é a disjunção, cada um tendo de fazer valer sua particularidade junto a uma instância do geral, cujo ponto de vista em nenhum momento é solicitado a adotar. Os responsáveis que se arranjem" (GAUCHET, 2004: 106). O vínculo social é mais um dado de ambiência do que uma exigência moral. Para alguns, ele é apenas o teatro indiferente de sua projeção pessoal. O vínculo com os outros é facultativo, ele deixa de ser um dado evidente. No desenrolar do dia a dia, a maioria das relações são descomprometidas; a televisão, a internet, os chats, os fóruns, o telefone celular, são meios de estar presente sem estar, e de interromper uma relação a seu bel-prazer, simplesmente desligando a tela. O iPod® ou as outras tecnologias eletrônicas, mesmo no centro da cidade, são na verdade meios de "extinguir a rua" ou de colocar a presença do outro entre parênteses por um tempo, mesmo no meio de uma conversa frente a frente. O indivíduo contemporâneo mais se conecta do que se vincula: embora ele se comunique cada vez mais, encontra-se cada vez menos com os outros (BRETON, 2009: 44). Prefere exatamente as relações superficiais que instaura ou abandona como lhe aprouver.

Muitos se reconhecem nesse universo sempre em movimento onde constantemente é preciso dar algo de si e ajustar-se às circunstâncias mutáveis, já que dispõem dos recursos interiores para prosseguir a marcha ou voltar à tona. Eles permanecem autônomos, indivíduos no sentido pleno da palavra. Não temem as tensões ligadas ao fato de serem responsáveis por sua existência. São homens e mulheres sempre em sintonia com os movimentos do mundo, capazes de criatividade ou de resistência às injunções contraditórias que atravessam as vidas pessoais ou profissionais. Contudo, nesse contexto, esse relaxamento do esforço de ser si mesmo às vezes é uma tentação. Mas ele acontece de forma deliberada, feliz, por exemplo, através do envolvimento regular em atividade física ou esportiva, no lazer, em viagens, na vida noturna com uma aparência diferente daquela do cotidiano, em um retiro em um mosteiro... São maneiras de mudar de personagem, de não estar mais envolvido na necessidade de continuar em uma mobilização demasiadamente absorvente. Nesses momentos, o indivíduo encontra uma saída de maneira lúdica. Sente-se, exatamente, no sentido forte, "em férias". Sem desfazer-se de seus vínculos sociais, ele os coloca a distância por algum tempo, a fim de recuperar o controle, acalmar as coisas da vida cotidiana ou profissional, e distender-se em alguma atividade que lhe dê prazer.

A paixão pelas caminhadas em nossas sociedades hodiernas comprova essa vontade de afastar-se das rotinas da vida pessoal por algumas horas ou mais, ou simplesmente pelo desejo de anonimato nas andanças, sem qualquer exigência de identidade. Desta forma, o viandante usufrui da liberdade de movimentos, de ritmo; não deve nada a ninguém e ninguém tem o direito de lembrar-lhe suas responsabilidades. Ele está alhures. Ninguém sabe quem ele é, nem para onde vai. Suas relações com os outros, provisórias ou duradouras, sempre dependem de suas conveniências. Nas caminhadas, o sentimento de si aflora, ao passo que as exigências da vida social se amenizam. Trata-se de um exercício lúdico e controlado de desaparecimento, de uma reapropriação feliz da existência (LE BRETON, 2012).

Muitos momentos diários proporcionam igualmente um distanciamento das exigências da comunicação social: devaneios, meditações, leituras, audições musicais, momentos de sono, dirigir por longas distâncias ou realizar trabalhos repetitivos... Milhares de atividades são propícias a um relaxamento interior suscetível de transformar-se instantaneamente em situação de alerta. Evadir-se do cotidiano e de suas malhas que aprisionam em papéis difíceis de abandonar, mas pesados para ser assumidos por muito tempo... Essa dissociação é um dado elementar da vida corrente, um breve esquecimento do entorno e um mergulho na interioridade que culmina em uma espécie de descontração da vontade, em uma flutuação de si mesmo para quebrar o tédio de uma função ou encontrar uma diversão. Ninguém está totalmente presente no que faz (cap. 2).

Ao longo deste livro chamarei de branco esse estado de ausência de si mais ou menos pronunciada, esse fato de abdicar de si de um modo ou de outro por causa da dificuldade ou do caráter penoso de ser si mesmo. Em última análise, trata-se de uma vontade de aliviar a pressão. A existência nem sempre transcorre na evidência, muitas vezes ela é de fato uma fadiga, um suporte em falso. O branco responde ao sentimento de saturação, de excesso vivido pelo indivíduo. Busca de uma relação enfraquecida com os outros, ele é uma resistência aos imperativos de construir para si uma identidade no contexto do individualismo democrático de nossas sociedades. Entre o vínculo social e o nada, ele desenha um território intermediário, uma maneira de fazer-se de morto por algum instante. Às vezes, a depressão, o *burnout*, o colapso do vínculo significativo com os outros e com sua própria existência destroem todo narcisismo, e o indivíduo não consegue se agarrar a seu corpo e se deixa dolorosamente levar. O sentido desaparece, o vazio se fecha em um si expurgado, mas ainda não é a morte. Não é apenas o corpo que se coloca provisoriamente em suspenso, mas o indivíduo todo e, especialmente, seus pensamentos, seus investimentos, sua relação com o mundo. O universo das representações que permanentemente o atravessa é interrompido ou se embaralha, a mediação do sentido se abranda. Ele desaparece no *blank* (em inglês, espaço desocupado, vazio). Ele mantém sua existência como uma página em branco para não se perder ou correr o risco de ser envolvido, atingido pelo mundo. Ele jaz indiferente às coisas, aliviado do esforço de ser si mesmo, e às vezes já não sabe de fato quem é nem onde está, não aguenta nenhuma responsabilidade para com os outros ou para com sua própria existência. O mundo já não lhe diz respeito, ele vagueia por uma terra de ninguém que lhe é necessária para retomar o fôlego, relaxar suas tensões. Mantém-se no limbo, nem na vida nem no vínculo social, nem completamente dentro nem completamente fora. Para expressar um esquecimento, uma ausência, uma espécie de parêntese, diz-se às vezes: "Me deu um branco". A. Green e J.-L. Donnet falam em "psicose branca" quando "o Eu realiza um desinvestimento das representações que o deixa frente a frente com seu vazio constitutivo. O Eu se faz desaparecer" (DONNET & GREEN, 1973: 174).

O branco atinge um homem ou uma mulher comum que esgota seus meios de continuar assumindo seu personagem. Este ser humano está cansado, fora dos movimentos do vínculo social, mas sabe perfeitamente disso, e um dia ou outro pode entrar em sua antiga pele ou aceder a uma nova após esse momento de desaparecimento do qual teve necessidade para continuar a viver. Ele vive então um momento paradoxal para se recriar, para se esvaziar, para se despojar daquilo que se tornou uma sobrecarga. Essa experiência permanece sob controle. Mas às vezes ela se torna um estado durável que se impõe ao indivíduo quando este se entrega e se abandona ao peso dos acontecimentos e não quer mais enfrentá-los.

O branco é um entorpecimento, um "deixar para lá" nascido da dificuldade de transformar as coisas. Neste universo da supremacia que se impõe na ambiência de nossas sociedades neoliberais, o branco é uma paradoxal vontade de impotência; cessar de querer controlar a própria existência e deixar-se levar. Ele é a busca deliberada da penúria no contexto social da profusão de objetos; uma paixão pela ausência em um universo marcado por uma busca desenfreada de sensações e de aparência; uma preocupação com o despojamento enquanto o ambiente social é obcecado pelo domínio das tecnologias e pela acumulação de bens; uma vontade de sumir diante da obrigação de se individualizar. Paradoxal preferência pelo menos, em detrimento do mais. À hipervigilância requerida para continuar a exercer sua autonomia, o indivíduo adota o menor grau possível de consciência. Ele já não deseja mais se comunicar, conversar ou se projetar no tempo, nem mesmo participar do presente, tampouco tem desejo, e nada tem a dizer. Prefere ver o mundo da outra margem (cap. 1).

O desaparecimento pode ser um desgaste das significações que conservam o indivíduo no mundo, uma breve experiência de desresponsabilização. Esses exemplos abundam no trabalho clínico com adolescentes, indo até a busca do coma pela embriaguez ou pelos jogos de asfixia, ou por outras formas de vertigem nas quais o jovem se deixa submergir para não ter mais de pensar em uma dolorosa presença no mundo. Perdido no branco, sem identidade, sem possibilidade de ser identificado, ele foge então de qualquer comunicação, embora seu corpo continue marcando presença. Ele já não tem mais nome, não responde mais, transforma-se em um enigma. Sacudi-lo para tentar despertá-lo não resolve, ele está mergulhado em um exílio interior por sua perda dos sentidos, por essa seita que controla seus feitos e gestos, por esta couraça farmacológica movida a álcool ou a droga que o desligam do vínculo social comum; às vezes ele mergulha em uma *second life* graças ao seu computador (cap. 3).

Essa vontade de retirar-se, por vezes radical, também se encontra no outro extremo da vida, na velhice, através de transtornos como Alzheimer ou outras formas de demência. Desta feita as reservas interiores do sentido são duravelmente congeladas. As significações são suspensas por uma imersão no vazio, ou melhor, no mundo que as palavras não conseguem descrever. Não há mais comunicação possível, nenhuma disponibilidade, tampouco presença para si e para os outros. Nem sequer narcisismo, pois o Eu desapareceu, a consciência se fez surda e cega (cap. 4). O branco é uma depreciação da identidade, um não lugar em que as obrigações impostas pelo mundo circunstante são suspensas. Fazer-se de morto é uma maneira de ludibriar e não morrer, e até mesmo de evitar assim o suicídio. Silenciando o grito, o indivíduo tenta não se perder. Conforme as situações, a busca da ausência o domina de maneira permanente ou provisória.

Mas o desaparecimento de si nem sempre se faz pela interioridade, ele se faz também pela partida alhures. Alguns partem sem deixar endereço, mergulhando suas famílias ou seus próximos no desespero quando nada levava a pressentir tal decisão. Eles iniciam uma existência nova, desvencilhados da antiga identidade, das responsabilidades que traziam coladas à pele. E podem recomeçar sem ter de prestar contas a ninguém visto que precisarão inventar-se um personagem ligado apenas às informações que fornecerão a seus interlocutores (cap. 5).

A desistência do vínculo social e a indiferença às vezes são acusadas de egoísmo, mas elas respondem, sobretudo, a uma vontade de abandonar o jogo, de se desligar das paixões comuns, de deixar de ser levado a contragosto por elas. É ascese de inspiração estoica, mas sem preocupação de perfeição moral. O desaparecimento de si é vivido pelos outros como uma deserção, como um isolamento em relação ao vínculo social. Ele suscita reprovação ou inquietação, mas o indivíduo não se importa, ele está além da situação, tem a sensação de não ter nada mais a oferecer, de estar demasiadamente esgotado para continuar envidando esforços para viver. À vontade dos outros de fazê-lo voltar a funcionar opõe apenas sua inércia[1].

---

1. Muitas formas de desaparecimento não serão abordadas: a dos que pedem asilo, dos refugiados (AGIER, 2002), dos exilados políticos ou aquela forma, pro-

Na obra *Moby Dick*, H. Melville expressa admiravelmente as ambivalências do branco, o fascínio e o temor que se misturam a seu respeito: "No entanto ainda não tiramos o véu encantatório do branco; não ficamos sabendo por que ele tem esse poder tão grande de sedução sobre a alma, nem, sobretudo, [...] por que ele é tudo ao mesmo tempo o símbolo mais significativo das coisas espirituais, ou melhor ainda o próprio véu da divindade junto aos cristãos, e entretanto esse agente do terrível que intensifica seu horror em todas as coisas que assustam a humanidade. Será o branco por sua infinitude o vertiginoso espelho do grande vazio sem coração e das vastidões do universo?" (1941: 314-315).

Nesta obra buscaremos mergulhar na subjetividade contemporânea e analisar uma de suas tentações mais intensas: a de desfazer-se enfim de si, mesmo que por um instante. Em seu aspecto doloroso ou propício, esta obra percorre uma antropologia dos limites na pluralidade dos mundos contemporâneos (LE BRETON, 2007, 2010, 2012); ela se embrenha na exploração da intimidade quando o indivíduo se deixa levar mesmo sem querer morrer, ou quando inventa meios provisórios de se desligar de si. As condições sociais sempre se misturam às condições afetivas. E são estas últimas que induzem, por exemplo, a comportamentos de risco dos jovens em um contexto de sofrimento pessoal, ou que levam à depressão e, decerto, à maioria das demências senis. Embora muitas vezes as abordagens psicológicas ocultem a base social e cultural, as dos sociólogos deixam de lado os dados mais afetivos, considerando os indivíduos como eternos adultos, como se não tivessem passado pela infância, ou

---

fissional, dos etnólogos (DIBIE, 1998) ou dos jornalistas provisoriamente imersos em outro universo social e cultural a fim de compreendê-lo melhor (WALLRAFF, 1987, 2010; AUBENAS, 2011). Ou ainda a vida monástica ou o recolhimento espiritual ou místico a um mundo interior (LE BRETON, 1997). Ou mesmo a opção pela solidão (KELEN, 2005).

por inconsciência, tampouco dificuldades íntimas. A compreensão sociológica e antropológica dos mundos contemporâneos pode recuperar a singularidade de uma história pessoal ao cruzar a trama afetiva e social que banha o indivíduo e, sobretudo, as significações que alimentam sua relação com o mundo. Eis a tarefa deste livro.

1 Não ser mais ninguém

A ausência é meu destino.

Robert Walser. *Au Bureau* [No escritório].

A vida impessoal

Em algumas histórias de vida, ruptura particular, separação, luto, demissão e esgotamento levam ao desligamento gradual do universo familiar. O indivíduo não percebe mais seu lugar. Embora muitas vezes ele tenha se sentido à margem e tentado acomodar-se, desta vez ele não tem mais força, ou talvez nunca a tenha tido. O mundo lhe foge. Então ele abandona seu universo profissional ou doméstico, apaga-se, sai sempre menos de casa, não se preocupa mais com seus próximos nem com seus assuntos particulares. Simplesmente desiste do mundo que o cerca. Os outros, por sua vez, também se distanciam, ou por encontrar um menor interesse em frequentá-lo ou magoados por sua maneira de sempre estar alhures. Ele não quer mais ser alguém para o vínculo social ou para sua família e se desincumbe de sua existência vivendo por uma espécie de força da gravidade. Está presente sem estar. Demitiu-se de sua antiga personalidade e tornou-se deliberadamente irreconhecível. Dessa forma algumas pessoas se desfazem de seu centro de gravidade, se deixam deslizar para o não lugar. A empreitada é a de um "desnascimento", a de despojar-se das camadas de identidade para reduzi-las *a minima*, não para recomeçar a viver, renascer, mas para apagar-se com discrição. Existem pessoas que, ao morrerem, só lhes falta o sepultamento, já que há muito tempo desapareceram. Para elas a morte é apenas uma formalidade.

Sem necessariamente terem vivido uma história dolorosa, outros escolheram a discrição, a solidão, a "vida selvagem" ou a *wilderness* para encontrar um apaziguamento que o vínculo social não lhes propiciava mais. Eles não são misantropos, mas seu gosto pelo silêncio, pela interioridade, pela sobriedade supera as vantagens do vínculo social. De fato, eles nunca abandonaram totalmente o vínculo social; mas, apesar de tudo, se propiciam momentos de isolamento. É possível enclausurar-se na própria casa ou fazer do próprio apartamento um mosteiro, expondo-se minimamente aos outros, saindo pouco e só para as tarefas essenciais, para alimentar-se ou velar para que o imóvel não se degrade.

M. Leiris se lembra de um artigo lido em outros tempos no *Le Monde*. Um jornalista evoca um toureiro famoso que faz seu adeus em uma arena madrilenha. À pergunta sobre o que daquela hora em diante faria da vida, o homem respondeu: "Vou aprender a não ser mais nada". Perturbado com a resposta, e navegando para além das palavras do toureiro, Leiris reflete sobre o que significa desaparecer. E oferece então uma definição que poderia aplicar-se ao branco: "Não mais existir, nem por si, nem por procuração. Estar fora do verbo ser ou 'por fora' de todas as engrenagens do discurso; abolir o discurso [...], buscar um lugar onde não há ninguém para expressar coisa alguma. Alcançar o ponto rebelde a qualquer toponímia, inclusive essa tentativa de descrevê-lo para pelo menos exercer sobre este ponto um domínio abstrato, ponto que sozinho designaria [...] um zero privado dessas duas sílabas, assim como do círculo que sua imagem desenha" (LEIRIS, 1976: 249). A deserção é uma possibilidade de retirar-se de uma situação que parece sem saída. Confrontado, por exemplo, com a indiferença social em razão da mudança de estatuto depois de aposentar-se, ou por causa do desemprego, ou às vezes por sua costumeira dificuldade de encontrar seu lugar no mundo, o indivíduo abandona a luta e com maior ou menor intensidade se deixa levar pelas circunstâncias. Às vezes é dessa forma que ele encontra o tão desejado sossego. Ele sabe não dispor de poder para mudar as coisas. Qualquer discussão fracassaria. É uma situação sem saída. Retirar-se é a última possibilidade de evitar ser esmagado ou ser sufocado por seu peso. Mais vale desaparecer de seu chefe por conta própria do que ser demitido pelos outros ou pelas circunstâncias. Com sua deserção, o desaparecido mantém o controle sobre sua existência mesmo se, em última análise, se desfaz do que era antes.

Desde então, o indivíduo recusa qualquer reconhecimento social, existe no meio dos outros como um fantasma, como uma sombra separada de sua pessoa. Enclausura-se em seu aposento e só sai para atividades ínfimas ligadas à sobrevivência, como, por exemplo, para se alimentar. Ou permanece aos cuidados de seus próximos que se resignam a uma presença desinteressada, indiferente. Ele desliza da pessoa para a *persona,* isto é, segundo a etimologia latina, para a máscara, sem ninguém para encarná-la e dar-lhe um rosto. Atrás dela não há mais nada. Não existe mais ninguém.

O branco é essa vontade de desacelerar ou de deter o fluxo do pensamento, de finalmente acabar com a necessidade social de sempre compor um personagem de acordo com os interlocutores presentes. O branco é uma busca de impessoalidade, uma vontade de tão somente ser considerado de forma neutra. Às vezes ele se transforma em um modo habitual de viver. É fruto da transformação do vínculo social do indivíduo em deserto a fim de comportar-se apenas como um espectador indiferente, inalcançável. O branco é um fechamento à situação, uma desaceleração da energia que impele a viver *minimamente,* e até mesmo uma interrupção, ou uma espécie de postura zen visando a um desligamento total.

Janet, no início do século XX, descreve pacientes devorados pela sensação de vazio, sofrendo sem motivo, desinteressados de tudo, insensíveis, a exemplo de Madeleine, que afirma: "Não consigo fazer mais nada, nem nada sentir. Estou inerte como um burro de carga, em um estado de prostração do qual nada consegue me tirar. Desde a minha infância tive esses momentos de indiferença a tudo, de vazio no coração, impossível de expressar" (JANET, 2005: 55). Entretanto, naqueles idos esses homens ou mulheres ainda eram raros.

Gwenaëlle Aubry descreve a progressiva passagem de seu pai ao apagamento, à sua inabalável vontade de não ser mais ninguém. Esse homem, outrora muito ativo e engajado na vida social, com o passar do tempo foi se despojando de todos os atributos da existência comum: "Vi assim meu pai se despojando, se destronando, despencando, transformando-se em uma nulidade, um *nada além do nada, esvaziado do abscesso de ser alguém*" (GWENAËLLE AUBRY, 2009: 33). É o exemplo de um homem desejando o anonimato. "Equivale a dizer que, uma vez liberto de suas máscaras, ele apenas queria livrar-se de suas velhas roupas, abdicar de papéis e personagens que ao longo de sua vida o exauriram, desfazer-se das qualidades que uma a uma havia incorporado, buscando aquela que o definiria, que lhe daria forma e conteúdo [...]. Chegou um dia em que ele quis desvencilhar-se de tudo, ainda que para andar nu, ainda que para não ser nada, um homem sem qualidade e até mesmo um pouco menos, ou muito mais, tão somente um homem que, não obstante tudo, vivia" (GWENAËLLE AUBRY, 2009: 120-121).

Às vezes nos deparamos com essa vontade de apagamento, de discrição. Paul Auster, cujos personagens são tão obcecados pela ausência, descreve sob os mesmos auspícios seu próprio pai: "Quando ainda vivo, ele já era ausente, e seus próximos desde sempre aprenderam a aceitar essa ausência, vendo nela uma manifestação fundamental de seu ser. Agora, tendo partido, as pessoas assimilariam sem dificuldade a ideia de que sua ausência seria eterna. Sua maneira de viver as havia preparado para a sua morte – era como uma morte antecipada [...]. Ele nunca foi capaz de estar onde devia estar. Toda a sua vida esteve alhures, nem lá nem cá. Nunca realmente aqui e nunca realmente ali [...]. Não podemos nem acreditar na existência de um homem assim, tão desprovido de sentimentos e esperando tão pouco dos outros" (AUSTER, 1988a: 13, 27, 29).

Esse tipo de indivíduo se mantém na superfície do vínculo social, refugiado em seu personagem, sobrecarregado por uma existência que não sabe como conduzir. Não se dá aos outros, tampouco a si mesmo. Trata-se de existir o menos possível e de não mais estar no centro dos fluxos da vida corriqueira.

Sem dúvida marcada por uma separação precoce da mãe, logo após seu nascimento, Emily Dickinson se refugia em si mesma, em uma "solidão ontológica" (MALROUX, 2005: 146), e mais tarde dirá que nunca teve mãe. Aos trinta anos, ela decide não sair mais de casa. Ela se recolhe então em seu quarto, se recusa a encontrar os outros, devotando-se em tempo integral aos seus pais. Quando soa a campainha, ela se refugia no quarto, e, quando precisa trocar algumas palavras com algum visitante, permanece atrás da porta, recusando o face a face. Mas as visitas são tão raras que C. Malroux fala de "aparições" (2005: 152). Ela vai à igreja de manhã bem cedo para não ter de cruzar com ninguém. Quando sua mãe morre, ela assiste ao velório na casa da família do alto de uma escada. Fechada em seu quarto como em uma cela de mosteiro, passa os dias escrevendo, mas em vida praticamente não publica nenhum texto. Quando adoece, o médico se limita a entrever a paciente deitada na cama sem transpor o limiar da porta. "Voz de uma emparedada viva", diz C. Malroux (2005: 143). Quando, no final da vida, recebe a visita de uma amiga de infância, ela não desce do quarto para vê--la: as duas mulheres conversam a distância, uma no andar de cima e a outra no debaixo. Quanto aos seus funerais, deixa instruções para que seu caixão não passe pelas ruas, mas através dos campos, e assim é enterrada em um prado pertencente à sua família, entre os botões-de-ouro com os quais sonhava. Ao longo de toda a sua existência, e até mesmo na morte, ela busca a invisibilidade. E deliberadamente o branco ao se vestir de branco e ao encher constantemente o quarto de lírios brancos.

Alguns se fecham em seu apartamento ou sua casa e só saem para o estritamente necessário. Eles transformam a residência em uma espécie de eremitério que serve para abrigar o desejo de solidão ou o radical desinvestimento do mundo. Ninguém mais aparece para visitá-los. Um exemplo entre mil: em setembro de 2012 um cadáver mumificado é encontrado em um apartamento. É de um homem de cerca de quarenta anos. Sua mãe morreu no mês de novembro do ano anterior. Presente ao enterro, ele renovou o contrato de aluguel. Depois se enclausurou no apartamento, se vestiu com as roupas da mãe, como que para fundir-se a ela, e deixou-se morrer de fome (*Libération*, 03/09/2012). Esses acontecimentos são comuns e atestam esse desvairado desejo de retirada do vínculo social quando todo significado se subtrai e o prazer de viver se aniquila. Obviamente, essa extrema solidão nem sempre é uma escolha, ela é às vezes sofrida e se revela como um sintoma do isolamento que afeta o vínculo social, a indiferença aos outros.

Entretanto, às vezes, não se trata apenas de despersonalização, mas de uma "impersonalização", ou seja, de desfazer-se de todas as obrigações da identidade para passar a existir *a minima*. Robert Walser é um grande escritor, embora pouco conhecido, mas sua obra permanece insólita. Ao referir-se à sua obra ele fala com tranquilidade: "Há, de fato, pessoas que querem extrair dos livros ensinamentos para a vida. Para esse tipo de gente, muito respeitável, devo dizer, e com imenso pesar, que não escrevo". Sobre os personagens das novelas e romances de R. Walser, W. Benjamin escreve que eles surgem simplesmente da loucura. "São personagens que superaram os limites da loucura e, por essa razão, dão provas de uma superficialidade dilacerante, absolutamente inumana e imperturbável. Para definir com uma palavra o que eles têm de encantador e de inquietante, pode-se dizer que todos eles estão curados" (BENJAMIN, 2000: 160). R. Walser é um personagem animado pelo desejo de desaparecer de si, obcecado pela vontade de não mais assumir as obrigações de sua identidade. Não obstante os livros, os artigos que publica, ele nega qualquer compromisso no mundo em que sofre para se reconhecer sem jamais conseguir reunir condições de recusá-lo. O mundo está ali, mas Walser se desinteressa dele, dado que, para nele deter-se, urgiria assumir seu próprio nome, sua própria história, uma responsabilidade. E ele sempre se recusou a isso.

Para desaparecer Walser se confunde com o papel que lhe é atribuído, se apaga como ator de sua existência e se sujeita prontamente à gravidade das coisas. Ele escreve que, por nunca ter tido filhos, sempre manterá em si algo da infância. Ele permanece como que suspenso fora da existência, atrás de um muro invisível que o leva ao seu curioso estilo, ao mesmo tempo irônico, infantil e grave, digressivo, como que defasado e desprovido de centro. Escrita da ausência, da distância, de uma espécie de ternura desiludida, aparentemente sem espessura, mas que, no entanto, suscitou a admiração de Kafka, Musil, Hesse, Benjamin, Tucholsky. "Então nos limitaremos a pensar que escrever e nunca revisar é a perfeita interpenetração de uma ausência total de intenção e da mais alta premeditação" (BENJAMIN, 2000: 157). À sua imagem, seus personagens buscam a insignificância, pretendem fundir-se na ambiência, não ter nenhum objetivo, perder-se nos detalhes, eles não têm densidade, ou melhor, toda sua profundidade ocorre em sua superfície. "Estou sempre diante da porta da vida, bato, volto a bater, sem violência, é verdade, e aguço o ouvido, escuto se alguém vem abrir o ferrolho e abrir para mim [...]. Sou alguém que escuta e espera, simplesmente isso, mas enquanto tal, perfeito, pois esperando aprendi a sonhar", escreve Walser em *Les enfants Tanner* [tit. orig. *Geschwister Tanner*; trad. bras.: *Os irmãos Tanner*] (WALSER, 1985: 336). Trata-se de fazer-se presente segundo as modalidades interiores da ausência.

Walser abandona rapidamente a escola. Aos catorze anos entra como aprendiz na filial de Bienne do Banco Cantonal de Berna. Contratado, destaca-se por sua caligrafia impecável e cresce na modéstia de seu trabalho. Alguns anos depois, entra na escola de servidores, de onde ele escreverá em 1908 *L'Institut Benjamenta*. Por um tempo, ele se emprega como doméstico no Castelo Dambreau. Começa então a escrever. De volta a Berlim, frequenta os círculos literários, onde não se sente à vontade. Publica pequenos textos em prosa, depois *Les enfants Tanner* em 1906, *L'Homme à tout faire* em 1907. *L'Institut Benjamenta* chama a atenção de Kafka, que o lê como uma obra profundamente perturbadora, à frente de seu tempo. Em 1911, Walser está empregado ao mesmo tempo como vendedor, mensageiro e engraxate de botas. Ele se afunda em empregos subalternos em que se torna invisível, que se resumem a se deslocar de uma tarefa a outra e sem a obrigação de prestar contas. Depois de um episódio de caos interior, durante o qual ele ouve vozes, refugia-se na casa da irmã, depois na casa do pai, depois em um sótão, sozinho. Seu único apego ao mundo depende da escrita; onde ele desaparece, pois o fato de viver, mesmo que minimamente, já é demais.

Transtornos psíquicos levam à sua internação em Waldau, em 1929. Alguns anos depois, transferido para Herisau, além de não escrever mais Walser torna-se indiferente ao destino de seus últimos escritos, como se outra pessoa os tivesse redigido. Não recebe praticamente nenhuma visita, a não ser a de C. Seelig, que o leva para longas caminhadas em torno do hospício que ele relata no surpreendente livro: *Promenades avec Robert Walser* (1992). Dentro do estabelecimento, Walser também tenta desaparecer de si mesmo, passa horas descascando legumes ou escolhendo ervilhas, faz barbantes, cola sacos de papel, ajuda as arrumadeiras. Por ocasião das caminhadas que fazem juntos, ele lembra a Seelig seu desejo de voltar em tempo para o hospício, justamente para passar despercebido misturando-se à sua engrenagem sem atrapalhar em nada: "É uma questão de honra. E, também, agora estou estabelecido em Herisau; lá tenho deveres cotidianos que não quero negligenciar de jeito nenhum. Principalmente não quero que me notem, não quero perturbar a ordem do hospício. Não posso me permitir isso [...]. Pois, não teria eu a necessidade da minha tranquilidade? Nesse caso, o melhor é ficar sozinho. Não quis outra coisa quando me internaram no hospital. Pessoas simples como nós devem manter-se o mais tranquilas possível em uma situação como essa" (in: SEELIG, 1992: 71). Seu pensamento lhe pesa, pois "o homem que tem consciência de si mesmo sempre encontra algo de hostil à sua consciência" (SEELIG, 1992: 46). No início de *L'Institut Benjamenta*, o jovem enuncia um programa que será o reivindicado por Walser: "O que sei é que mais tarde serei um zero bem redondo". Nenhuma outra ambição além do apagamento, da deserção do vínculo social, mas em uma infinita discrição. Nas suas conversas com C. Seelig, ele explica assim seu afastamento: "Por isso, aos olhos deles sou um zero absoluto, um cara que não valia a corda para enforcá-lo". "Tornar-se insignificante na dupla acepção da palavra, ser ao mesmo tempo desprovido de qualquer significado e de importância social" (LACADÉE, 2010: 95). Walser construiu para si um refúgio, um mosteiro interior do qual ninguém o tira. Procura passar despercebido: "A terra se tornava um sonho; eu mesmo me tornara algo interior... Já não era eu, mas um outro, e, no entanto, exatamente por isso, eu era eu mesmo... O homem interior é o único que existe de verdade". Os personagens criados por Walser não querem ser indivíduos, a tarefa de ser si mesmo não lhes concerne, eles querem fundir-se ao cenário.

O branco da neve o assombra, como uma premonição, decerto; mas, sobretudo, porque recobre a complexidade e as ambivalências do mundo com sua simplicidade tranquila. Torna as coisas uniformes. Suspende toda a responsabilidade do entorno e lhe dá vontade de se envolver nele para também se tornar invisível e mudo. Cobrindo o espaço com seu brancor, faz com que ele desapareça suavemente. E o silêncio que reina à sua volta acentua ainda mais a sensação de um mundo suspenso, que não exige mais nada e do qual, finalmente, é permitido descansar. Qualquer fuga para uma responsabilidade qualquer é anulada. "Havia tamanha paz lá fora que era preciso admitir, a despeito de si mesmo, que tudo no mundo estava realizado, estava liquidado, estava em paz" (WALSER, 2000: 228). A neve é uma instância régia do desaparecimento.

No hospício, Walser permanece lúcido em seus próprios confrontos sem voltar atrás na decisão de renunciar à sua identidade. "Ser insignificante e continuar sendo. E se uma mão, uma circunstância, uma onda me erguesse e me levasse até o alto, onde reinam o poder e o crédito, eu destruiria o estado de coisas que me fosse favorável e me lançaria no fundo da escuridão baixa e fútil. Só consigo respirar nas regiões inferiores", ele escreve em *L'Institut Benjamenta* (1960: 209). Ele fica sabendo da morte de seu irmão Karl com certo distanciamento. Quando sua irmã Lisa, afetada pela doença, caminha lentamente para a morte, ele não sente nenhum desejo de revê-la. Diagnosticado com uma paresia do intestino, recusa qualquer tratamento e qualquer operação, mas a doença pouco o abala, pois morrerá onze anos depois. Também rejeita um tratamento psicanalítico sugerido por um dos psiquiatras de Herisau. Sente-se bem em sua ausência e não deseja de forma alguma mudar de personagem.

Em *Les enfantes Tanner*, ele descreve a descoberta na floresta, por um dos personagens, de "um jovem deitado na neve atravessado no caminho", caído exausto no chão e morto de frio. Fica maravilhado e diz a si mesmo que ele "escolheu nobremente seu túmulo. Ali, debaixo daqueles magníficos pinheiros verdes cobertos pela neve" (1985: 135). Alguns dias antes de outro encontro previsto com C. Seelig, no Natal de 1956, aos 78 anos de idade, R. Walser faz seu passeio costumeiro pelo campo coberto de neve. Caminha para as ruínas do Rosenberg, para contemplar a magnífica paisagem dos Alpes. Escala por entre as faias e os pinheiros. De repente ele fraqueja, cai para trás e, deitado de costas, leva a mão ao peito. Morre na neve. Mais tarde, algumas crianças o descobrem e dão o alerta. R. Walser morreu por ocasião de um de seus passeios. Outra maneira, mais comum, de não estar presente.

Como o mosteiro ou a abadia, mas em um contexto mais profano, o hospital psiquiátrico é um lugar para desaparecer, um refúgio em que o indivíduo já não tem contas a prestar e em que se transporta, com toda a evidência, de uma tarefa à outra empregando seu tempo de maneira inteiramente regida pelo estabelecimento. Já não precisa se preocupar com sua existência, outros à sua volta estão lá para cuidar dela. O hospital é um lugar próprio para demitir-se de si, mesmo que reine uma promiscuidade difícil no primeiro momento, mas é o preço a pagar pela tranquilidade, pela imobilização da consciência e pela abolição do tempo em proveito de um período que não esconde nenhuma surpresa. Muitos indivíduos encontram nele um abrigo, uma proteção contra uma agitação social na qual não se localizam. A tarefa de ser si mesmo é pesada demais para eles. Como diz um personagem de Beckett, incapaz de continuar vivendo no vínculo social: "Eu tinha vontade de estar encerrado de novo em um lugar fechado, vazio e quente, com luz artificial" (BECKETT, 1950: 86). O indivíduo, então, delega suas responsabilidades aos outros, a seus próximos que continuam a visitá-lo e a manter sua presença fantasmagórica na sociabilidade deles, e ao pessoal psiquiátrico, que vela por ele permanentemente e o afasta de todas as tarefas cotidianas. Muitas vezes ele aceita, além do mais, uma medicação psicotrópica que apaga ainda mais o sentimento de si mesmo e o deixa flutuar ao longo dos dias. Nessas circunstâncias, ele forja para si um espaço de amortecimento a que os ruídos do mundo só lhe chegam filtrados, ele pode comodamente fingir que não os ouve e continuar sua existência lentamente. O estabelecimento é uma linha de demarcação, uma espécie de santuário afastado das ambivalências insuportáveis do mundo exterior. Em uma das narrativas de Beckett, Murphy vê "os doentes, não como banidos de um sistema benéfico, mas como fugitivos de um fracasso colossal" (BECKETT, 1947: 130)[2]. Outros, mais nu-

---

2. Toda a obra de Beckett está sob a égide do desaparecimento, seus personagens se dissolvem aos poucos ao longo do tempo, erodidos por sua história; sem destaques, gostariam de ser aéreos, libertados de seu cansaço de viver e dos entraves que os detêm no mundo, mas um resto de corpo ainda os prende à sua condição de humanos. Suas palavras rareiam, os meios de expressão se esgotam, de tal modo que a linguagem ou a voz já não são mais do que farrapos de existência ainda prisioneiros de fragmentos de corpo. O espaço lhes é comum, mas o tempo está infinitamente dividido, cada um erra dentro de sua parcela. Os *clochards* [*mendigo/indigente*] povoam as páginas de Beckett, encarnam justamente os sem lar nem lugar. O nomadismo de si mesmo, a impossibilidade de ter uma identidade. "Nunca estive presente... Ausente, sempre. Tudo se fez sem mim. Não sei o que aconteceu" (BECKETT, 1957: 97). Na cena de *Oh les beaux jours*, Winnie se pergunta: "[...] O que eu poderia fazer, o dia todo, quer dizer, desde o momento em que isso toca, para despertar, até o momento em que isso toca, para adormecer? (*Pausa.*) Simplesmente ficar olhando para a frente, com os lábios apertados? (*Pausa grande, enquanto ela o faz. Ela para de repuxar a erva.*)

merosos, permanecem na família, protegidos, rodeados, poupados das tarefas comuns. Vivem silenciosamente, limitando-se a alguns percursos mínimos, a um punhado de atividades discretas, ou então ficam em seu quarto.

O indivíduo nunca encontra seu lugar no mundo, sente-se diferente e pouco afetado pelos movimentos à sua volta. Imerso em um exílio interior, subtraído da sociabilidade mesmo que aceite participar dela de forma mínima, está separado do universo dos outros e existe em seu próprio mundo. O peso da individualização, a necessidade de sempre se esforçar para ser si mesmo e de produzir as aparências de uma presença no seio da sociabilidade estão sempre ameaçados pela depressão e por uma forma mais discreta, a "impersonalização", que consiste em não mais se prestar à comédia da disponibilidade para os outros e ocupar um ângulo morto no seio da sociabilidade. O indivíduo está desligado, indiferente, mas continua presente sem se sentir obrigado a participar. Diante dos movimentos do mundo que já não consegue seguir, ele reivindica um direito à abstenção, ao silêncio, ao apagamento, à retirada. Viver na escala da sociabilidade comum é para ele uma exigência demasiado devoradora. Recluso, ele sai o menos possível para poupar-se de qualquer encontro uma vez que não sente ter a força para sustentá-lo, preserva seus recursos interiores e torna-se um eremita no meio da multidão. Permanece no circuito, mas já não participa dele. Tem o sentimento de não ter mais nada para dar.

Indiferença

Há uma indiferença necessária à condução da vida cotidiana, mas é principalmente uma forma de discrição para não incomodar

---

Nem uma palavra mais até o último suspiro, mais nada que rompa o silêncio do lugar" (BECKETT, 1974: 27).

os outros ou não dar ensejo à sua observação. É uma espécie de "inatenção polida". O desligamento é, às vezes, uma forma deliberada de independência, uma atitude estoica para um indivíduo que tem lucidez de sua impotência para mudar as coisas ou que não deseja mudá-las. Mas a indiferença concerne, nesse caso, a formas mais radicais que traduzem a vontade de não colaborar com os movimentos do vínculo social, de manter-se a distância das interações ou de só participar delas de modo impessoal. É então uma espécie de neutralização radical de toda afetividade, uma desvitalização que está claramente além da ligeira reserva que se impõe na vida cotidiana para se preservar dos outros.

A renúncia a si é, às vezes, a única maneira de não morrer ou de fugir de algo pior do que a morte. Já não se trata de deslizar para um "eu sou outro", mas para um que "está em outro lugar, que me é indiferente". Uma tentativa de viver livrando-se do esforço de existir, ela traduz uma distância, uma lassidão, mas não um desejo de morrer. Colocar-se fora de si para retomar o fôlego, deixar de estar presente, mas reservando-se eventualmente o direito de voltar. Impersonalização deliberada, quase experimental, menos para explorar outros mundos do que para se livrar do peso de ser si mesmo. Imersão em um tempo desacelerado, até mesmo uma estase do tempo, um desvanecimento que abole a duração e impede a projeção no futuro. O indivíduo se retira, larga mão, deixa de se agarrar a um real que lhe pesa. A existência perdeu todo sabor, é sentida como distante, indiferente, reclama a demissão tranquila, uma maneira de deixar que as coisas aconteçam. A duração se escoa sem a participação do indivíduo, isento de toda responsabilidade no seio da interação. Retirado do mundo, ele já não é afetado. Nesse sentido, a indiferença é uma forma de ataraxia epicuriana ou de apatia estoica, uma impassibilidade diante dos acontecimentos[3].

Melville conta assim a história de Bartleby, escriturário recém-empregado. De início o homem despacha seu trabalho com uma espécie de paixão, embora "escrevesse de maneira apática, silenciosa, mecânica" (MELVILLE, 1951: 44). Depois de satisfazer, assim, às exigências de sua função durante semanas, ele decide de repente, por sua própria conta, não se ocupar mais de alguns trabalhos. Um dia seu patrão lhe confia uma missão modesta, mas Bartleby a recusa com uma frase lacônica e tranquila: "Eu preferiria não o fazer". Ele rejeita as tarefas que lhe são solicitadas e só aceita algumas. Em seguida, apesar da insistência do chefe ou dos outros empregados, ele já não responde, mergulhado em silêncio impenetrável ou por uma repetição lancinante de uma recusa que provoca um mal-estar cada vez maior. Bartleby inverte o estatuto de participação que determina que o empregado se submeta a uma ordem razoável do chefe ou, pelo menos, que justifique o moti-

---

3. As figuras da ausência são abundantes na literatura ou no cinema japonês. Assim, por exemplo, os filmes de Kitano, que muitas vezes se desenrolam em "um espaço de indiferença", em que a própria impassibilidade do ator, "seu andar e as distâncias criadas no plano por um olhar distante, criam uma atmosfera fria que acentua ainda mais a violência *yakuza* ou policial" (BUCI-GLUCKSMANN, 2001: 125). São personagens ao mesmo tempo ligados e separados, aqui e em outro lugar, sem densidade e, no entanto, vivos, mas uma distância os habita. Em 1967, Imamura rodou *Um homem desaparece*, sobre um empregado que certo dia abandona o trabalho e não dá mais sinal de vida para a família nem para a esposa. Imamura lembra várias dezenas de milhares de desaparecimentos anuais do mesmo tipo na sociedade japonesa da época. Conviria citar ainda os romances de Yoko Ogawa, de Aruki Murakami, de Ryû Murakami, Keiichirô Hirano etc., os filmes de Kiyoshi Kurosawa, de Hirokazu Kore-Eda, de Naomi Kawasé etc. Também o teatro butô com seus corpos nus e despojados de todas as roupagens sociais, de qualquer carga de significado, com movimentos de infinita lentidão, fora de toda referência social.

vo de não a aceitar imediatamente. Ele se retira das exigências do vínculo social, já não se inscreve na reciprocidade desse vínculo, sem, contudo, colocar-se como revoltado ou dissidente. Mostra-se como personagem inatingível, tanto na recusa quanto no acordo ("*I would prefer not to*"), sem deixar nenhuma brecha para seus interlocutores, perplexos com tal atitude. O chefe corrige o propósito de Bartleby na tentativa desesperada de fazê-lo voltar às convenções do vínculo social naquele contexto: "Você não quer?" Se ele aceitar reconsiderar sua declaração, de fato, o mundo voltará a se assentar, uma volta à sensatez torna-se pensável. Mas Bartleby persiste, suas palavras continuam desprovidas de significado. Por qualquer ângulo que sejam tomadas, elas põem em xeque a linguagem, desvinculando-a das referências comuns. Compreensível no sentido literal, sua declaração deixa de sê-lo no contexto da inter-relação social, "ela não se deixa reduzir nem ao polo do ser nem ao do nada" (AGAMBEN, 1995: 49).

As tentativas de levá-lo a sair de sua reserva fracassam, uma a uma: ameaça, sedução, compaixão, tudo esbarra na mesma ladainha ("Eu preferiria não o fazer"), seguida por um silêncio que ninguém consegue dissipar. As súplicas do chefe continuam inúteis, Bartleby se recusa até a sair da escrivaninha em que se instalou, mudo diante da insistência do chefe, desejoso de vê-lo desocupar o lugar, tranquila muralha de silêncio diante dos colegas estupefatos, incapazes de demovê-lo ou de se desvencilhar dele. Toda tentativa de compreender sua atitude, de reconstituir o fio de sua história, esbarra na completa rejeição. A abstenção não pode servir por muito tempo como resposta em uma discussão, sob pena de incomodar intensamente o interlocutor, até mesmo de fazê-lo perder a paciência, mas é o único modo de apresentação de Bartleby. Se um homem discorda de uma tarefa que lhe é confiada ou não deseja responder a uma pergunta que lhe é feita, ele tem a possibilidade de protestar ou de se insurgir; mas, ao apelar para a indiferença, ele se torna uma fonte inatingível de problemas. Rompendo as regras de reciprocidade das relações e fazendo do silêncio seu único modo de comunicação, Bartleby se condena à exclusão, pois, na vida cotidiana, tal atitude é apenas uma resposta provisória baseada em motivos tácitos para os membros da interação (LE BRETON, 2015). Sendo esse o estilo de sua relação com o mundo, sem que seus parceiros jamais tenham possibilidade de captar uma nesga qualquer de sentido, ele destrói o vínculo social. Faz a abstenção funcionar como uma recusa radical da linguagem, e sua posição se torna insustentável. Ele força os outros a se indagarem longamente, com desalento, como demonstra a atitude de seu chefe, tão desorientado que lhe pede desculpas, maneira de mantê-lo ainda no vínculo social, com o risco de lhe atribuir uma condição de coisa tranquila e inofensiva.

Fascinado por esse personagem que recusa os mais elementares princípios da vida comum, o chefe faz do copista o possuidor de uma espécie de verdade que lhe é interditada. Projeta no retraimento de Bartleby um significado que justifica seu exílio da palavra e o dispensa legitimamente das regras de conversação ou de seus deveres para com os outros. A dúvida se resolve, assim, em seu favor: por alguma razão misteriosa, que só ele conhece, o copista se mantém retirado dos ritos de comunicação: "Sim, Bartleby, eu pensei, fique aí atrás de seu biombo, não o perseguirei mais; você é tão inofensivo, tão silencioso quanto qualquer uma dessas cadeiras velhas; em suma, nunca me sinto tão à vontade como quando sei que você está aqui. Pelo menos sinto, vejo, entendo a razão de ser predestinada de minha vida... Outros podem ter papéis mais elevados a desempenhar; quanto a mim, minha missão neste mundo, Bartleby, é lhe fornecer um escritório pelo tempo que você achar bom ficar nele" (MELVILLE, 1951: 73-74).

O escritório torna-se o eremitério de Bartleby, seu asilo para se precaver contra as desordens do mundo. Mas uma atitude como essa não é suportável por muito tempo. Apesar de seu dilaceramento interior, seu patrão acaba por mudar de local para se desvencilhar dele. Uma medida de retirada da comunicação tão definitiva suscita uma reação coletiva de igual extensão, as autoridades municipais exilam Bartleby em Les Tombes, estabelecimento penitenciário em que também se mantêm os loucos. Ele não tenta se defender de modo nenhum. "Ele se limitara a aquiescer em silêncio, à sua maneira lívida e impassível" (MELVILLE, 1951: 82). Lá, continua se abstendo de falar e de participar do vínculo social. Apelidado de "silencioso" por seu carcereiro, deixa-se morrer de fome.

Outra forma de desaparecer de si é não fazer nada, oferecer uma superfície polida para as atividades sociais circundantes. O personagem de Oblomov (GONCHAROV, 1988) é emblemático dessa maneira de se apagar, embora mantendo as aparências. Na impossibilidade de encontrar seu lugar, ele desinveste do mundo à sua volta e permanece no seu limiar, à maneira de um espectador indiferente. Espera que os acontecimentos passem sem se comprometer com eles e sem compreender, além do mais, que não se envolver com eles não deixa de ter consequências para sua própria existência. Ele se abstém de qualquer ação, sem nem sequer se justificar e, à maneira de um Bartleby, sempre adia as tarefas a serem realizadas, de um dia para o outro, de um mês para o outro, de um ano para o outro. De adiamento em adiamento, de preguiça em preguiça, esquece o que pretendia realizar, e até a mulher que ele ama fracassa em tirá-lo dessa longa relutância em existir. Sua indecisão, exceto no que concerne à sua convicção de nunca sair da cama, faz que seu quarto seja seu único universo. As relações com os outros são superficiais, apenas o mínimo necessário para não suscitar rejeição. Está ocupado na recusa do tempo que passa, ou na busca desenfreada de um tempo circular que traz de volta eternamente o júbilo do sono. Toda a sua energia prende-se à inércia que ele opõe aos esforços dos outros para tirá-lo de seu quarto. Ele poderia assumir como sua a famosa frase de Pascal: "Muitas vezes eu disse que toda a infelicidade dos homens provém de um só fato, o de não saberem ficar quietos em um quarto".

O indiferente põe uma espécie de vidraça entre ele e o mundo, um muro invisível, para não ser atingido por um acontecimento ou por um personagem suscetível de extraí-lo das rotinas às quais prefere entregar-se. Ele abole o sentido da experiência para transformá-la em espetáculo, sem relação consigo. Não é nem atingido, tampouco afetado pelos fatos que acontecem à sua volta. Os outros são mantidos a distância, neutralizados, deixam de ser um perigo ameaçando-o a engajar-se. O indivíduo se torna um estrangeiro aos que lhe são mais próximos. Está sem emoção, dor, sensação, medo, desejo; vive alhures, lá aonde nada o afeta, lá aonde nada o ameaça. A indiferença ao mundo e aos outros poupa qualquer investimento, mas expõe ao vazio. Fechamento narcisista, a indiferença se torna uma vontade de imobilidade, de fixação da duração para não ser engolido por relações não desejadas. O indiferente cria um universo único para si, autossuficiente. Prefere o mundo a distância, sem deixar-se levar por seu fluxo. O de fora deixa de existir. A indiferença se torna uma forma de evasão. O indivíduo retira seus investimentos do mundo exterior. Ele minimamente irriga de significações o mundo que o cerca, prefere guardá-las para si para não ser mais implicado e sentir novamente emoções que ameaçam descentrá-lo, mergulhá-lo na turbulência de um mundo por ele recusado ou que o martiriza. Ao abrigo em sua ilha deserta, ele contempla a distância uma agitação que não lhe diz mais respeito. Crianças abandonadas ou maltratadas, ou que convivem com adultos que, embora satisfazendo suas necessidades fisiológicas afetivamente são pouco presentes, costumam deslizar para uma indiferença protetora. Elas desertam sua existência para não ficar mais à mercê de uma demanda de amor jamais satisfeita e cuja insuficiência não cessa de atormentá-las. Fingindo-se ausentes, elas aliviam essa tensão que por longo tempo as colocou em desaprumo.

Na obra *Un homme qui dort* (1967), [Um homem que dorme], de Georges Perec, um universitário desliza lentamente para fora do vínculo social. Ele decide dar férias às suas antigas pretensões, bem como às expectativas que os outros tinham a seu respeito. Justamente no dia de seu exame final, ele se recusa a sair da cama, isolando-se definitivamente em seu quarto. Desde então, tenta se desvincular de todas as responsabilidades que o obrigavam a prestar contas de suas relações corriqueiras, dizendo a si mesmo: "Jamais terminarei minha licenciatura, jamais iniciarei meu doutorado, jamais retomarei meus estudos" (PEREC, 1998: 20). Pouco a pouco seus movimentos se reduzem, só responde ao elementar dos atos que ainda o mantém vivo. Não lê mais sua correspondência, tampouco abre a porta ao soar da campainha, furtando-se pura e simplesmente aos apelos exteriores. Faz de seu quarto uma espécie de mosteiro, e só demonstra sensibilidade à sucessão de alguns detalhes que povoam sua atenção cotidiana: as rachaduras do teto, as manchas nas paredes, o barulho da vizinhança. Às vezes sai à noite e perambula pelas ruas quando ele e os passantes mais se assemelham a sonâmbulos. "Tu não rejeitas nada, nada recusas. Cessaste de avançar, mas sequer querias avançar ou repartir; tampouco chegar; chegaste, mas não sabes o que fazer mais adiante" (PEREC, 1998: 25). Ele lentamente se apaga ao não mais oferecer os necessários esforços ao prosseguimento da vida cotidiana. As raras vezes em que passeia pela cidade ou se alimenta em uma quitanda, sempre ocorrem na mais absoluta discrição. "Aprenda a transparência, a imobilidade, a inexistência. Aprenda a ser uma sombra e a olhar os homens como se fossem pedras" (PEREC, 1998: 55). Pálido pelas calçadas, ausente de si mesmo em seu quarto. Parou de despertar. O tempo se imobilizou. Toda duração é suspensa. O desaparecimento de si não deixa de ser também uma libertação das incontáveis coerções da temporalidade social[4].

Esse universitário adquire um estado de brancura diante do mundo, nada mais lhe interessa. "Ao longo das horas, dos dias, das semanas, das estações, tu te libertas de tudo, te desprendes de tudo. Descobres, às vezes, por uma espécie de semiembriaguês, que estás livre, que nada te pesa, nem te agrada, tampouco te desagrada" (PEREC, 1998: 74). Às vezes ele dorme vários dias consecutivos. "A indiferença não tem nem começo nem fim: é um estado imutável, um peso, uma inércia que nada consegue abalar" (PEREC, 1998: 87). O homem que dorme é um irmão de Bartleby. Perec, aliás, tinha o personagem de Melville na cabeça ao redigir esse texto. Mas desconhece o fim trágico do escriba. Discretamente ele sai da indiferença. Sua ausência do mundo teria sido uma antecâmara para retomar fôlego e retornar lentamente ao vínculo social. Perec diz ter escrito esse livro logo após *Les choses*, "em um período de minha vida em que, ao contrário, eu estava absolutamente indiferente a tudo. Não se tratava mais da fascinação, mas da 'recusa' das coisas, da recusa ao mundo" (PEREC, 1998: 174).

---

4. A tradição religiosa fala do desligamento, da dissolução de si, mas na plenitude de Deus e da experiência mística. Desfazer-se de si nesse contexto implica encontrar um absoluto da presença no mundo, perdendo obviamente a identidade limitada do homem ou da mulher, mas participando da ilimitada de Deus. Em seu *Tratado*, Mestre Eckhart escreve: "O homem que dessa forma se tornou totalmente desligado é de tal forma transportado para a eternidade que nada de efêmero pode comovê-lo; ele nada experimenta do que é carnal; está morto para o mundo, pois nada saboreia do que é do mundo".

Pessoa: multiplicar-se para não ser ninguém

Um artista, e particularmente um escritor, tem a possibilidade de se libertar de si mesmo e multiplicar os personagens nas ficções que escreve ou em sua própria existência ao assumir um pseudônimo ou ao conjugar as possibilidades de ser si mesmo com heterônimos, como aconteceu com o escritor Fernando Pessoa. O artista ou o escritor está aqui e alhures, isto é, em nenhum lugar e em toda parte. Maneira hábil de desaparecer. À origem deste sentimento de estar à margem do mundo, no caso de Pessoa, sem dúvida está seu arrebatamento brutal da infância com uma sucessão de acontecimentos dolorosos, e uma maneira de atenuar o luto por sua vida múltipla para não ter de assumir de forma dramática as contusões da existência. Seu pai morre em 1893, e Pessoa, à época, tinha apenas cinco anos de idade. Seu irmão, por sua vez, morre alguns meses depois de tuberculose, e sua avó é internada em um hospício de Lisboa. Dois anos depois, sua mãe se casa novamente e parte com seu filho e seu marido, o cônsul de Portugal em Durban, para a África do Sul, onde Pessoa completa seus estudos. É nessa época que Pessoa inventa seu personagem interior: o Cavaleiro do Passo, através do qual escreve cartas. Mais tarde, de volta a Portugal, trabalha como tradutor de cartas comerciais em francês e em inglês para empresas de importação/exportação. Até o final de sua vida, sem nunca mais viajar, percorre sem fim as ruas de Lisboa, passa jornadas nos cafés ou em seu escritório. Escreve noite adentro para ocupar suas insônias. Morre em 1940, em Lisboa, aos 47 anos. "Escreveu sozinho as obras de ao menos cinco escritores geniais, tão diferentes um do outro como se todos tivessem realmente existido", escreve R. Bréchon (1994: 9). Deixa uma imensa produção amontoada em um baú, aberto somente em 1982: milhares de versos e prosas foram aos poucos sendo publicados nos últimos anos.

Pessoa vive toda a sua existência ao mesmo tempo dentro e fora, como que atrás de uma vidraça, mas com o sentimento de beleza das coisas e uma imersão sem fim no devaneio, sem, no entanto, aderir a ambos, como um prisioneiro de passagem. Se o sonho é um recurso no qual se protege das asperezas do mundo, ele lhe dá os contornos do real, prende-se a seu próprio jogo sem se deixar enganar. "Criança ainda – escreve ele – tive a tendência de criar à minha volta um mundo fictício, a cercar-me de amigos e de conhecimentos que jamais existiram (evidentemente, não sei se realmente não existiram ou se sou eu que não existo [...]). Desde quando me conheço como sendo este que denomino eu, lembro-me de ter definido em minha mente o aspecto, os gestos, o caráter e a história de vários personagens irreais, que eram para mim tão visíveis e me pertenciam tanto quanto os objetos que denominamos, talvez abusivamente, a vida real" (in: BLANCO, 1986: 301).

No momento em que Pessoa tem o sentimento de não ser mais ninguém, aos 8 de março de 1914, ele cria seus heterônimos mais conhecidos. Não pseudônimos, mas outros para quem inventa uma vida e uma obra, ficções às quais empresta uma existência na vida real. Ele lhes atribui um corpo, um rosto, uma história particular, um estado civil, uma obra, uma tonalidade de escrita própria, tramando inclusive polêmicas que os opõem. Para Pessoa, eles encarnam uma maneira de canalizar o movimento da escrita, de controlar sua proliferação atribuindo-lhes um estilo, um clima diferente para cada uma das obras assim criadas. Esses personagens são criaturas do próprio Pessoa. São máscaras de papel que o protegem e favorecem o desenvolvimento de sua obra. Ele não deseja duplicar-se socialmente preservando uma fachada, como a dissimulação por detrás de um pseudônimo. Seus "outros", Alberto Caeiro, Ricardo Reis, Álvaro de Campos, levam uma vida singular, à margem da cena, e fundam as vanguardas literárias de Portugal, assim como Bernardo Soares, que ficou sem biografia, cuja obra só será desenterrada em 1982. "Pus em Caeiro todo meu poder de despersonalização dramática, em Ricardo Reis toda minha disciplina intelectual revestida da música que lhe é própria, em Álvaro de Campos toda a emoção que não atribuo nem à vida, nem a mim mesmo", escreve Pessoa (1994: 21).

Ele, cujo sobrenome era Pessoa, se desprende da aderência a si mesmo. Os indivíduos que criou se impõem à sua criatividade e cada um constrói uma obra própria. Mesmo sendo os mais conhecidos, eles não são, por outro lado, os únicos, dado que muitos são os heterônimos, alguns tendo sido descobertos apenas recentemente. Sob o nome de Bernardo Soares, Pessoa descreve a "lassitude terrível da vida [...]. É uma lassitude que deseja não cessar de existir – o que pode ser, ou não ser, do domínio do possível –, mas algo muito mais terrível e mais profundo: cessar inclusive de ter existido, o que não é possível de forma alguma" (1988: 112-113). E escreve ainda: "A origem mental de meus heterônimos reside em uma tentativa orgânica e constante junto a mim à despersonalização e à simulação. Esses fenômenos – felizmente para mim e para os outros – se mentalizam. Quero dizer que eles não se manifestam em minha vida prática exterior, no contato com os outros; eles explodem internamente e eu os vivo sozinho, comigo mesmo" (PESSOA, 1994: 22). Ele mesmo se descreve como um "ortônimo". "Em última análise, resta do hoje o que restou do ontem, e o que restará do amanhã: o desejo insaciável, inominável, de ser sempre o mesmo, e de ser um outro" (PESSOA, 1994: 17). Incurável esquartejamento entre a ausência e a multiplicidade. "A ficção me persegue como minha própria sombra. E tudo o que eu gostaria, é dormir" (PESSOA, 1988: 115).

De 1913 a 1934, até sua morte, Pessoa acumula fragmentos de uma espécie de jornal atribuído a Bernardo Soares, *O livro do de-*

sassossego, a impossibilidade do *sossego* e a necessidade interior de estar sempre alerta, de olhos abertos, *in*-tranquilo, incessantemente surpreso por misturar-se a uma multidão, embora se sentindo fora da respiração comum: "Roubaram-me o poder de ser antes mesmo que o mundo fosse. Se fui coagido a encarnar-me, foi sem meu consentimento, sem que tivesse, eu mesmo, me encarnado. Sou os subúrbios de uma cidade que não existe, o comentário prolixo de um livro que ninguém jamais escreveu. Não sou ninguém, ninguém. Sou o personagem de um romance ainda não escrito, e flutuo, aéreo, disperso, sem ter sido, entre os sonhos de um ser que não soube concluir-me [...]. E eu, eu mesmo, sou o centro de tudo isso, um centro que não existe, a não ser por uma geografia do abismo; sou este nada ao redor do qual este movimento rodopia" (1988: 36-37). O homem, para Pessoa, se parece consigo em todos os aspectos, mesmo que ele o designe como "um outro". Em seu gabinete na Rua dos Douradores, em Lisboa, ele não passa de um empregado de comércio dentre outros, mas sua existência gira essencialmente ao redor da escrita. Solitário, taciturno, às voltas com a "doença de ser consciente" (1992: 218), observa o mundo a distância, de seu escritório ou da janela de seu quarto. Ao longo das ruas que o levam ao trabalho, descreve o nevoeiro que o envolve em uma espécie de insônia sem fim (in: TABUCCHI, 1998). Não ignora o gemido da cidade ao seu redor, sua beleza. Faz inclusive comentários, mas não se sente dentro: contempla o mundo exterior "simultaneamente com esta atenção intensa e indiferente que está em minha natureza" (PESSOA, 1988: 87).

Ele flutua entre dois mundos sem realmente conseguir se encarnar. A tonalidade atmosférica da escrita ainda acentua esse sentimento de ausência a si mesmo como se ele fosse o eco do clima das ruas, atento à chuva, ao vento, à aurora ou ao entardecer, à expressão dos transeuntes ou das ruas. "Sempre penso, sempre sinto;

mas meu pensamento não contém raciocínios, minha emoção carece de emoção. Caio infinitas vezes, do biombo lá de cima, através do espaço infinito, em uma queda sem direção, 'infinito-múltiplo' e vazio" (PESSOA, 1988: 36).

Ele não sabe se é real ou múltiplo, se existe ou se é um filme de sonho, um centro abstrato de sensações existindo principalmente no papel, mesmo experimentando-as. "Assisto a mim mesmo sob os diferentes disfarces que me tornam vivo. Tornei-me tão perfeitamente a ficção de mim mesmo que todo sentimento espontâneo que posso experimentar se altera rapidamente, desde seu nascimento, para tornar-se um sentimento de imaginação: a lembrança se transforma em sonho, o sonho no esquecimento do sonho, e o conhecimento de mim em ausência de todo pensamento sobre mim mesmo" (PESSOA, 1994: 50-51). O livro compõe o jornal íntimo desse ajudante de guarda-livros, sedentário como Pessoa. "Nestas impressões fragmentadas, sem vínculo entre si e desejando tê-lo, narro com indiferença minha autobiografia sem fatos, minha história sem vida [...]. Se escrevo o que sinto é para assim diminuir a febre de sentir. O que confesso não tem interesse, pois nada tem interesse. Faço cenários do que experimento. Dou férias às minhas sensações. Compreendo perfeitamente as mulheres que fazem bordado por desgosto, e as que fazem crochê porque a vida existe. Minha velha tia jogava paciência por infindáveis noitadas. Estas confissões de minhas sensações são meus jogos de paciência" (PESSOA, 1988: 31). A obra não verá seu nascimento senão muito tempo depois da morte de Pessoa, após a abertura em 1982 do famoso baú contendo seus incontáveis manuscritos inéditos. "Conheço meus momentos mais felizes quando não penso em nada, não quero nada, não sonho com nada, perdido na indolência de um vegetal, de um simples musgo crescendo na superfície da vida.

Saboreio sem amargor a consciência absurda de não ser nada, o aperitivo da morte e do desaparecimento" (PESSOA, 1988: 63).

O desaparecimento é ao mesmo tempo uma solução face ao esgotamento de ser si mesmo, ao sentimento de ter dado tudo, ou de querer preservar-se da contenção ou da solidão, mas é também uma solução ao sentimento da multiplicidade de si, a convicção de abrigar vários personagens e de não se resignar a sacrificá-los. Em *L'Homme-dé* [O homem-dado], L. Rhinehart (2009) imagina um personagem que, buscando libertar-se de todas as coerções de sua identidade, se liberta de toda decisão própria, decide se remeter ao acaso dos dados com os quais joga, ao ponto de deixá-los ditar todas as peripécias de sua existência. Ele também deseja libertar os personagens nele contidos. "Em sociedades estáveis, integradas, coerentes, a estreiteza da personalidade tinha um valor; podíamos nos realizar com um único eu. Hoje não é mais verdade. Em uma sociedade multivalente, só uma personalidade múltipla pode dar conta do recado. Cada um de nós tem uma centena de 'eus' potenciais reprimidos" (RHINEHART, 2009: 315). Os dados são a maneira de libertá-los dando diferentes opções às faces, uma astúcia radical, embora difícil de ser posta em prática, para não estacionar no mesmo personagem. Entretanto, a consequência é a imprevisibilidade da existência e da relação com os outros.

De Lawrence da Arábia a J.H. Ross

T.E. Lawrence participa da guerra de libertação dos árabes contra os turcos. De março de 1917 a outubro de 1918 ele acede a uma plenitude de existência tornando-se o legendário Lawrence da Arábia. Ele acompanha o exército das tribos do norte da Arábia e as guia em suas vitórias contra os turcos. Restabelecida a paz, é convidado para a Conferência de Paris (1919) e para a do Cairo

(1921), que redesenham o mapa do Oriente Médio. Entretanto, o não cumprimento da palavra pelas autoridades inglesas e francesas, que prometendo a criação de um grande reino árabe ao redor de Fayçal preferiram entender-se secretamente dividindo entre si a região, subverte seu senso de honra e seu amor pela civilização árabe.

Tendo sido por algum tempo conselheiro de Churchill, Lawrence da Arábia desiste completamente de sua carreira, e inclusive de seu nome, endossando simbolicamente a identidade do simples soldado Ross, empregando-se como mecânico na RAF [Força Aérea Real], submetendo-se à condição de aprendiz militar, aos trabalhos sujos e à autoridade grosseira de seus superiores, que ignoram totalmente seu passado. Lawrence abandona sua lenda na inequívoca intenção de desaparecer, de desfazer-se de seus antigos vínculos. Sua história doravante o sufoca. Despoja-se de tudo e aspira ao desaparecimento de si mesmo como último recurso. "O anonimato, a cada ano, se torna para mim o prato mais precioso. É somente ocultando essa identidade passada que posso ser tratado com simplicidade como um homem comum; então me dou conta de que sou alguém menos útil do que a maioria de minha espécie. Sadia lição de modéstia, mas custosa lição, pois ser um novo homem exige de mim uma vigilância dia e noite, que só posso esperar poder sustentar graças a um estado de exaltação física", escreve em *La matrice* (LAWRENCE, 1955: 197). Nessa obra ele retraça sua experiência no exército sem nada dissimular de seu escárnio e sem jamais assumir a presunção de lembrar ao leitor quem ele era. "Em meu caso particular, escreve ele na obra *Les sept piliers de la sagesse* [Os sete pilares da sabedoria], o esforço prolongado de anos a fio para viver os costumes árabes e sujeitar-me a seus esquemas mentais me despojou de minha personalidade inglesa: assim pude considerar o Ocidente e suas convenções com novos olhos – de fato, cessei de acreditar no Ocidente. Mas como criar para si uma pele árabe? Quanto a mim, foi pura afetação. É fácil fazer um homem perder sua fé, mas difícil, em seguida, convertê-lo a uma outra. Tendo-me despojado de uma forma sem adquirir outra, tornei-me semelhante ao legendário caixão de Mohammed" (LAWRENCE, 1969: 30-31). Vontade de humilhar-se, de dedicar-se a tarefas subalternas, de apagar-se, de disfarçar-se em um nada. Reconhecido em 1923, teve de abandonar o exército antes de ter sido, dois anos e meio mais tarde, autorizado a reengajar-se, mas com outro nome. Ele morre em 1935 em um acidente de moto, alguns meses após ter rescindido seu contrato com o exército.

Limitei-me aqui a um punhado de histórias exemplares de desaparecimento de si, mas a enumeração poderia ser bem mais longa. Essas existências que vivem no limite mostram a dimensão antropológica do desaparecimento de si. Não se trata de uma excentricidade ou de uma patologia, mas de uma expressão radical da liberdade, a da recusa de colaborar, mantendo-se a distância ou subtraindo-se da parte mais coercitiva da identidade no coração do vínculo social. São histórias que nos mostram essa mistura de força e fragilidade inerente ao sentimento de si, bem como o fato de que é possível desfazer-se de si mesmo para inventar-se um "outro eu" quando a necessidade interior domina.

2 Maneiras discretas de desaparecer

> *Talvez jamais cessemos de oscilar entre o amor-próprio até a exclusão do resto (narcisismo) e a vontade de supressão de si em suas expressões mais variadas, entre o absoluto do ser e o ser nada. Eis, em todo caso, a dor lancinante, diária, que nenhum objeto sacral nos permitirá esquecer: a inexpiável contradição do desejo inerente ao próprio desejo de ser sujeito.*
>
> Marcel Gauchet. *Le Désenchantement du monde* [O desencantamento do mundo].

Desaparecer no sono

A compulsão pelo sono é uma maneira de fugir da dificuldade de ser si mesmo. Se dormir é uma perda de consciência, eis um motivo de sua atração aos que desejam livrar-se o máximo possível de toda atenção à própria vida pessoal. Em contrapartida, tal estado preocupa os que temem ser reduzidos assim ao nada, mesmo que por algumas horas. Dormir é uma maneira de esquivar-se das próprias responsabilidades ou do imperativo de mudar aos olhos dos outros, produzindo finalmente uma espécie de desculpa capaz de criar uma ilusão momentânea. Quando o sono não se resume apenas a uma alegre recuperação das fadigas diárias, mas a uma incrustação interminável, ele se torna uma renúncia à necessidade de dar sempre de si quando o esforço se tornou desmedido. Freud vê no sono uma espécie de retorno ao corpo materno. "Em relação a este mundo ao qual viemos sem querer, encontramo-nos em uma situação tal que não pode ser suportada de forma ininterrupta. Assim, uma vez ou outra, mergulhamos no estado em que nos encontrávamos antes de vir ao mundo, por ocasião de nossa existência intrauterina. Ao menos criamos condições perfeitamente análogas às daquela existência: calor, escuridão, ausência de estímulos [...]. Diríamos inclusive que, chegados ao estado adulto, só pertencemos ao mundo por dois terços de nossa individualidade, e que por um terço não nascemos ainda" (FREUD, 1978: 74-75).

O sono fecha o mundo à sua volta. Um muro de distração isola o dormente, que não se sente mais implicado pelos acontecimentos suscetíveis de produzir-se ao seu redor, a menos que o invadam por sua intensidade. Segundo a profundidade de seu enterramento, o indivíduo permanece sensível aos leves ruídos à sua volta, ou precisamos gritar e sacudi-lo para que enfim desperte. O fechamento pode ser mais ou menos sólido. Tomada pelo luto de seu marido, Joyce Carol Oates às vezes consegue dormir com psicotrópicos, mas a existência lhe pesa, mesmo não deixando de exercer normalmente as tarefas da vida cotidiana e respondendo aos seus imperativos. "Meu fantasma, escreve ela, do qual não falei e não falarei a ninguém, consiste em tomar um comprimido para dormir, depois, ao despertar, outro comprimido para dormir novamente, em seguida, ao acordar de novo, outro comprimido para dormir, e assim sucessivamente... O tempo que isso pode durar não me inspira senão uma medíocre curiosidade" (OATES, 2011: 208). O sono às vezes se torna um refúgio profundo, um caminho que leva a dar as costas aos imperativos do mundo. De fato, todo dormente está sozinho, radicalmente separado dos outros e de seu entorno, ao mesmo tempo em que, por outro lado, vive à sua mercê. Para reassumir o controle de sua vida e reatar com sua identidade social o indivíduo precisa acordar.

No final da Segunda Guerra Mundial, com a idade de 17 anos, Erwin, o personagem de A. Appelfeld, cujos pais tinham sido mortos nos campos de extermínio, se vê tomado por um irresistível desejo de dormir. Por ocasião da longa jornada que leva os sobreviventes dos campos de extermínio a Nápoles, ele entra em um sono sem fim. "Passei de trem em trem, de caminhão em caminhão, de carroça em carroça, em sono profundo, destituído de sonhos [...]. Não tenho nenhuma lembrança dessa grande errância, e não há nada de impressionante nisso [...]. Os refugiados me carregavam nos braços. Se me esqueciam em algum lugar, sempre havia alguém que vinha me apanhar" (APPELFELD, 2011: 7). Ele era conhecido por seus companheiros de destino como "o dorminhoco". Dormindo sem tréguas, ele se afasta da história, se confina em uma longa ausência. Dorme para não pensar mais, para não decidir mais nada, para não prestar contas dos acontecimentos. Pouco a pouco ele se livra da compulsão sonífera, mesmo que ainda continue dormindo exageradamente. Uma transformação se opera graças aos esforços de algumas pessoas de seu entorno. Suas noites deixam de ser assim uma ausência, um afundamento no esquecimento. Em seus sonhos ele restabelece um diálogo ininterrupto com a mãe e o pai, mortos nos campos de extermínio. Se aqui o sono continua sendo uma forma de desaparecimento, ele é igualmente um contramundo no qual Erwin abole a morte e reencontra suas origens. Sua mãe, sobretudo, o acompanha na reconquista que em sonho ele realiza ao integrar-se a um pequeno grupo de militantes que se uniram para reconstruir Israel. Urge essa retirada do mundo para consertar no sono e nos sonhos resgatar o que irrecuperavelmente foi perdido para sempre.

O sono é uma variante da ausência, uma espécie de fuga por um triz da duração. Às vezes, para evocar uma noite maldormida, fala-se em "noite em claro". Alguns sonos também são espécies de "noite em claro", ou formas de enterrar-se em um doloroso não lugar. O sono é uma espécie de refúgio para eximir-se da presença. Ele protege do engajamento em um mundo visto como excessivamente austero. Ele não se resume apenas em descanso, mas também em trégua. "Quero dormir! Dormir ao invés de viver!", escreve Baudelaire, no "*Le Léthé*". Ausentar-se das turbulências exteriores é anestesiar-se sem recorrer a remédio algum. O dormente se coloca "naturalmente" nos bastidores, sem sentir-se implicado e, em princípio, costuma-se respeitar seu sono. Dormir, nesse sentido, é uma astúcia para fugir ao inexorável desafio de ter de assumir a própria existência. A busca obstinada pelo sono favorece o desaparecimento regular de si sem necessariamente ter de prestar contas aos outros. É o caso, por exemplo, da adolescente que dorme e só se alimenta entre as diferentes doses de heroína que consome. Entre uma ausência e outra, ela conjura o esforço de erguer-se e esforçar-se para continuar viva: "*A vida não me interessa, é dolorosa. Apesar disso, não quero morrer*". Outra adolescente, risonha agora, se lembra da tentação de imobilidade à qual, em um difícil período de sua vida, cedeu: "*Dormia para dormir, à base de soníferos. Foi bom, pois, à época, nada me interessava, embora isso me bastasse*".

Dormir é um poço sem fundo no qual provisoriamente se desaparece, sem, entretanto, morrer. O sono é uma "pequena morte", um mimo da morte, mas do qual retornamos para endossar por outro instante nossa identidade. É uma forma suave da morte, mas da qual podemos nos reerguer. "Às vezes – diz o homem que dorme, de G. Perec – sonhas que o sono é uma morte lenta que te vence, uma anestesia ao mesmo tempo suave e terrível, uma necrose feliz: o frio sobe pelas pernas, ao longo de teus braços, sobe lentamente, te entorpece, te aniquila" (PEREC, 1998: 128). "*Só desejo isso: dormir. Se pudesse permaneceria eternamente dormindo*", diz Marie (17 anos), que foge assim da necessidade de se situar diante da infelicidade. "Ficar deitado como uma árvore derrubada, sem ter de mexer um dedo sequer. Todos os desejos adormecem como crianças fartas de brincar", escreve Robert Walser, nos tempos em que vivia dormindo, antes de ser internado em um hospício. "A gente se sente como em um mosteiro ou em uma antecâmara da morte", diz ainda (in: SEELIG, 1992: 48). O sono então é um poder, ele mantém o mundo na mira para não ser mais atingido por ele. Ele é o exercício de um controle, como uma porta que alguém abre ou fecha a seu bel-prazer para não ser submergido. "O homem que dorme mantém circundado ao seu redor o passar das horas, a ordem dos anos e dos mundos" (PROUST, 1988: 5).

Lugar de desinvestimento de si e de abandono aos poderes do sonho ou do esquecimento, o sono não é necessariamente um abandono, ele é também uma maneira de pensar, de recobrar forças (PACHET, 1988). As atividades sensoriais e a ligação significante com o mundo são provisoriamente suspensas. Na vida cotidiana, o sono exerce um efeito reparador que desconecta o indivíduo de suas responsabilidades para com seu entorno. É um desapegar-se de todas as inquietações do mundo para retornar a ele com uma força renovada após um descanso, um apelo à calma, uma moderação. Para continuar a misturar-se aos movimentos do mundo é necessário cessar momentaneamente o engajamento nele.

Entretanto, as tensões inerentes à vida pessoal às vezes tornam o sono difícil. Alguns fogem do sono por medo dos pesadelos que penetram seu horizonte impedindo-lhes qualquer recuperação, já que tanto o sono quanto os pesadelos se furtam a qualquer controle; e fogem particularmente dos sonhos que colocam em confronto uma insuportável alteridade alojada justamente em seus próprios corações. "Tenho medo do sono, dizia Baudelaire, como temos medo de um grande buraco negro, cheio de vago horror, levando não sei para onde" (in: "Le gouffre"). Abandonar o controle de si, mesmo por algumas horas, amedronta os que fogem do sono. Eles querem estar permanentemente lúcidos diante das condições do mundo que os cerca. Temem a necessidade de se desfazerem de suas referências identitárias, e a elas se agarram por medo de se perderem. Dormir, nessas circunstâncias, seria cair em um abismo, desaparecer, sem dúvida, mas no horror.

Pode dar-se também que o sono se esquive, não obstante a intensa vontade de busca de repouso do indivíduo. "O mau dorminhoco se debate e se vira em busca desse lugar verdadeiro, único, e sabe que somente nesse ponto o mundo renunciará à sua imensidão errante" (BLANCHOT, 1955: 363). Impossível desaparecer! A insônia está presa a ele, e de maneira até insistente, em uma imposição de identidade tão terrível que o leva ao desenterramento de si. Mas o sono busca outras vias, já que participa das obrigações biológicas da existência. Ele invade então a vida cotidiana com o risco de um esgotamento que reduz a margem de manobra do indivíduo, aprisionando-o em si mesmo, impondo-lhe uma viseira suficiente para que, na busca de livrar-se das preocupações, o mal-estar persista. Essa viseira o torna vulnerável às circunstâncias, notadamente se ele está dirigindo ou se trabalha com uma máquina perigosa. A ausência de uma possibilidade de desistência dos investimentos no mundo por causa da falta de sono é uma máquina infernal que torna o indivíduo ainda mais vulnerável aos efeitos nefastos de seu entorno ou de seus fantasmas. Para cada indivíduo, mesmo aos que se beneficiam de uma vida bem vivida, impõe-se como uma necessidade, no fim do dia, uma certa dose de "branco".

O *pachinko* ou as astúcias da dissipação de si

O Japão conhece uma forma lúdica e banal de dissipação de si mesmo ao longo da vida cotidiana. Trata-se de um lazer comum denominado *pachinko*, prática que se desenvolveu após a rendição do país (PONS, 1988: 399). Inicialmente destinado às crianças, no pós-guerra, esse jogo logo se popularizou e passou a ser praticado por pessoas de todas as idades e condições sociais. As salas de jogos se multiplicaram em todo o país. O jogo funciona mais ou menos assim: o jogador compra uma provisão de bilhetes por uma soma módica e, entrando na sala, se senta em um banquinho em frente a uma máquina. Com uma mão ele puxa uma alavanca que lança bolas sobre um quadro vertical. Elas descem segundo um percurso caótico determinado por chicanas. Sua progressão, determinada pelo respectivo peso, libera outras bolas, que o jogador tenta recuperar e recolocar em jogo novamente, em um movimento interminável. Existe alguma analogia entre o *pachinko* e o *flipper*, mesmo se, diferentemente do *flipper*, onde o jogador pode manipular, sacudir ou esmurrar, o adepto do *pachinko* se encontra diante de uma máquina que depende do movimento de uma alavanca para alimentar o plano vertical com novas bolas. No *pachinko*, o jogador se concentra na alavanca e tenta dar-lhe o exato impulso, com a correspondente força. Sentados lado a lado, indiferentes entre si, imersos na contemplação do movimento das bolas, mergulhados em um autismo coletivo do qual só mais tarde emergirão, eis como se encontram os jogadores do *pachinko*. Seus ganhos são irrisórios, muito embora não constituam a finalidade do jogo. Estamos falando de lugares socialmente legítimos de dissolução provisória da identidade que prescindem do abandono do vínculo social. Misturado aos outros, não obstante sua solidão, o jogador se ausenta por um tempo mais ou menos longo em uma lancinante repetição dos mesmos gestos. Com a vertigem e a hipnose do movimento das bolas e de seu gesto regular da alavanca, das luzes da máquina piscando e do chocalhar das bolas, ele não vê mais nada à sua volta. Suas preocupações são apagadas. Ele deixa de ser alguém, mas sob uma forma socialmente reconhecida. Algumas pessoas passam horas nesse jogo, e a ele retornam diariamente.

Essa busca de vertigem e de esquecimento de si explica a razão pela qual os toxicômanos adoram perder-se nesses lugares antes de encontrar a dose certa do produto que lhes falta. A sala é para muitos um lugar de retirada em plena cidade, um refúgio onde esquivar-se de toda obrigação social, diluir-se no anonimato e deixar-se absorver inteiramente pelo movimento mecânico do jogo. Para estes adeptos, P. Pons avalia que em média duas horas por dia sejam consagradas ao jogo diante da máquina.

Para além do *pachinko*, que é uma espécie de arquétipo social, nossas sociedades se interessam por esses jogos de ausência em que os indivíduos se perdem em uma atividade hipnótica diante do computador ou do celular, em estado de fascinação por algum tipo de jogo de distração interessante ou por outros modelos de jogos menos propícios à imaginação.

A fadiga desejada

A fadiga pode ser uma opção para apagar-se levemente e para encontrar a alegria da plenitude de ser si mesmo após o repouso. Neste caso, porém, ela deve ser efetivamente escolhida. "Só encontramos prazer na fadiga quando a ela não estamos condenados. Só existe fadiga jubilosa quando já estamos na alegria antes mesmo de nos cansarmos" (CHRÉTIEN, 1996: 28). É o caso do engajamento em uma atividade física árdua, mas prazerosa: jardinar, cortar lenha, executar uma tarefa qualquer para si ou para os outros.

Através do engajamento em algum esforço durável e/ou por ausência de repouso, a fadiga é um estado pelo qual o ser desaparece, uma supressão provisória pelo cansaço, deixando-se deslizar levemente em um mundo encolhido, mesmo se as sensações não fossem mais gratificantes. Uma de suas vantagens é a de dificultar a fixação do pensamento. Nada mais a detém, ela transborda, e carregá-la é pesado demais. Ela diminui assim a margem habitual de manobra na esfera cotidiana ou profissional, exime de uma parte de responsabilidade. Leva a flutuar sobre os acontecimentos com uma espécie de álibi para eximir-se deles. O investimento costumeiro dos fatos diários carece das condições de ser posto em prática, a atenção se dissipa. A fadiga é um desligamento, às vezes uma exacerbação que leva à aniquilação e a um afundamento ainda maior. O indivíduo se perde em sua atividade ou se dedica a testes físicos ou esportivos de longo fôlego dos quais sai pouco disponível aos intercâmbios, obcecado pela sede de repouso. "A fadiga é o mais modesto dos males, a mais neutra das neutralidades, uma experiência que, se fosse possível escolher, ninguém a escolheria por presunção. Ó neutralidade, liberta-me de minha fadiga, conduze-me ao que, ainda que me preocupando ao ponto de ocupar todo o espaço, não me diz respeito. – Mas ela, a fadiga, é um estado que não é possessivo, que absorve sem comprometer" (BLANCHOT, 1969, XXI). Ela é uma desculpa para que o indivíduo se enrole sobre si mesmo e diminua assim a intensidade de sua relação com o mundo. Menos atento aos outros ou às tarefas a cumprir, o indivíduo se encontra na superfície de si mesmo e dispõe de uma desculpa sincera para desvincular-se dos imperativos do trabalho ou do vínculo social.

Nas atividades físicas e esportivas "extremas", a busca da fadiga é deliberada. A pesada carga que ela implica desaparece. Já não se trata mais de uma fadiga de conotação negativa, isto é, impregnada de sofrimento. Ela acompanha então uma provação pessoal em uma busca de sentido que produz alegria, por exemplo, um engajamento físico que exige longos esforços e determinação de caráter. Projeta-se o próprio corpo no mundo para nele restaurar um limite, experimentar novamente a sensação de existir. A fadiga, ou a dor, é efetivamente uma teimosia identitária (LE BRETON, 2010). Ela engaja uma metamorfose, para o melhor ou para o pior. Se ela se impõe ao indivíduo à contragosto, ela se transforma em poder de destruição. Se escolhida com conhecimento de causa, e em seguida aceita, ela produz uma transformação favorável. Deliberadamente intencionada através de um desafio, ela produz a intensidade de ser, e o indivíduo sabe que a qualquer momento pode renunciá-la se as circunstâncias se tornam excessivamente duras para ele. O grau de controle em face do que o indivíduo vive mede em princípio a soma de sofrimento experimentado.

Nas atividades físicas ou esportivas, a fadiga é um aferrar-se à existência, símbolo máximo da construção de si. A única preocupação do indivíduo é alcançar seu objetivo. Uma parte maior de sua identidade está em suspenso, mas a qualquer momento ele está propenso a retornar à plena consciência quando, por exemplo, ele se depara com um problema a resolver pelo caminho ou se lhe telefonamos. Em algumas formas de "branco" a demanda é a de um brilho das sensações que antecede o desaparecimento. Lampejo último de ser si mesmo antes de não ser mais nada por um tempo mais ou menos longo... Existir já não é mais suficiente, urge necessário sentir-se existindo mobilizando deliberadamente uma alteridade, colocando-se, portanto, em condição de viver regularmente momentos fortes e experimentar o choque do real.

A partir do momento que a fadiga é imposta pelas circunstâncias, por exemplo, em um labor extenuante, o indivíduo é coagido a trabalhar além de suas forças e sem fim, ou, se por si mesmo ele decide perder-se para não mais ter de pensar e se suportar, ela começa então a depender do branco. Se a fadiga mantém ainda um pouco a presença no mundo, o esgotamento a dissipa. Na fadiga só o corpo é atingido, no esgotamento o ser inteiro é destroçado. Se na fadiga ainda existe a possibilidade de uma fruição, de um leve torpor que alivia um pouco a tentativa de ser si mesmo; uma volta iminente às atividades e à sociabilidade, no esgotamento, em contrapartida, é a erosão do sujeito que acontece. Sem fôlego e sem sentido, ele esbarra na impossibilidade de continuar seu engajamento na mesma direção, não pode ir mais em frente, seu estado físico "está extenuado" (DELEUZE, 1992: 57). Na fronteira do afundamento total, ele já não dispõe mais de recursos para continuar a existir. O retorno às atividades correntes é provisoriamente interditado. Os objetos que ele tenta apanhar se furtam repentinamente, há uma espécie de espessura a ultrapassar entre si e si, mesmo para entrar na atividade mais banal.

Muito além da fadiga, o esgotamento não tem mais a escapatória do sono ou do repouso, a dissolução na ausência pela eliminação de todo desejo, de toda energia. Com seu conhecimento ou não, o indivíduo busca se inebriar da fadiga para afastar-se de si mesmo e interromper assim o fluxo do pensamento. Sem a atividade do espírito, o indivíduo se dissolve: "Estou morto", diz exatamente o homem esgotado.

Burnout

A parte da decisão individual no esgotamento é inapreensível, ela depende da ambivalência como o atesta, por exemplo, o mundo do trabalho, muitas vezes acompanhado de sofrimento físico. As lógicas das empresas são hoje dominadas não mais pelo imperativo industrial, mas por uma economia financeira que destrói as antigas proteções do trabalho. Para as empresas com ações nas bolsas de valores, a rentabilidade sobrepõe-se a qualquer outra consideração, e os acionistas devem equilibrar as contas a curto e médio prazos. As técnicas de comunicação acentuam a tirania do tempo real e a necessidade de um alerta permanente aos executivos. A velocidade é doravante uma fonte essencial para as empresas na concorrência a que se entregam. Ganhar tempo é a espinha dorsal da guerra concorrencial: é a exigência de estar aqui e alhures, em todas as frentes, para não perder uma oportunidade ou uma informação essencial.

O telefone celular é o instrumento-chave da mobilidade, da reatividade, da adaptabilidade e da multiplicidade dos engajamentos. Ele torna o tempo de trabalho ilimitado. O computador portátil permite trabalhar incessantemente, mesmo no trem ou no avião, de noite no hotel ou em domicílio. Desligar um ou outro é difícil, pois é de bom-tom que as empresas e os empreendedores respondam imediatamente a qualquer demanda. Abster-se ameaça o seguimento de um mercado, posterga a resolução de problemas e, em última análise, acumula as tarefas futuras. O celular leva à permanência no trabalho e à obsessão de atendê-lo tão logo ele toque, à imagem desta situação, à beira de um colapso, da qual fala N. Aubert (2003: 66): "Hoje te pedem informações não importa quando... É um inferno, não posso mais partir em férias sem a angústia de alguém me telefonar para perguntar se deve fazer isso ou aquilo". Os tempos mortos desaparecem. E a vida cotidiana é inteiramente colonizada por uma urgência sem fim, que se estende para fora da empresa, não poupando mais nem a vida pessoal nem a familiar.

O trabalho, obviamente, tornou-se livre. Ele está nas mãos do executivo, tornado seu próprio juiz em seu desempenho profissional, mas ele não foge às avaliações anônimas acompanhadas pela informatização dos dados que prestam contas de sua produção. A coerção não pesa mais sobre os corpos, mas sobre as mentes, já não há mais vigilância, mas um autocontrole permanente, uma disponibilidade sem descanso. Para o executivo, estar às voltas com múltiplos projetos simultaneamente e ser localizável a todo instante, de dia ou de noite, onde quer que esteja, acentuam o estresse, privando-o de zonas de afastamento, inclusive da vida privada. Mobilizável a qualquer momento, como se suas responsabilidades pessoais se tornassem uma punição sem fim, ele é incessantemente sobrecarregado por um trabalho de fluxo intenso que não poupa ninguém em sua empresa (AUBERT, 2003). R. Castel (2009) fala a este respeito de "indivíduos em excesso", vivendo no excesso, no exagero, mesmo se às vezes sintam a necessidade de aliviar a pressão para retomar com uma energia redobrada as atividades. Toda a existência oscila entre a urgência e a necessidade de jamais perder tempo, de estar sempre alerta. Urge correr sempre mais depressa para não ser ultrapassado. Espectro das condições de concorrência das empresas, a sobrecarga de trabalho é aceita como o preço a pagar pelo emprego, e ela tem a vantagem de oferecer uma espécie de estímulo que contribui para a evitação da reflexão enquanto o indivíduo consegue segurar as pontas.

Hoje a concorrência se estende às filiais, aos departamentos, às equipes, aos colegas. A avaliação dos grandes grupos é acompanhada daquela dos diferentes agentes de uma mesma equipe, colocando alguns em uma incômoda postura em relação ao desempenho dos outros. A concorrência entre colegas freia toda solidariedade ou amizade. A perseguição de metas frequentemente remanejada pelas circunstâncias e as tensões entre direção e empregados favorecem a tendência de alguns a se transformarem em agentes da violência, às vezes tornando os outros vulneráveis ao assédio moral. A valorização da adrenalina, do estresse como condição de um trabalho eficaz, é uma faca de dois gumes. "A urgência se inscreve como um desses comportamentos 'aditivos', uma espécie de anfetamina da ação que permite viver mais rápido, mais forte, mais intensamente" (AUBERT, 2003: 114). Mas pouco a pouco ela exaure os recursos físicos e morais. Os psicotrópicos são reguladores utilizados para deixar o indivíduo sempre em condições plenas, para acentuar o desempenho, para multiplicar a energia, às vezes fraturando interiormente, mas eles também são uma armadura química para defender-se do medo do afundamento e, simultaneamente, um meio de apagar-se lentamente.

As lógicas contemporâneas da empresa radicalizam as formas de gerenciamento e promovem um indivíduo "guerreiro", capaz de responder imediatamente aos apelos das circunstâncias. O sistema se absolve de qualquer acusação de violência à medida que é aceito pelos atores que dele se aproveitam por algum período, mesmo expondo-se a ser, algum dia, vítimas do mesmo sistema. Mas, desde então, a incerteza também se transforma em ameaça. O sistema de gestão que hoje domina as empresas, que faz dos empregados e dos gestores variáveis de ajustamento, impede igualmente estes últimos de se projetarem no futuro pensando que mais tarde as condições de trabalho podem melhorar. Frequentemente eles inclusive se sentem em uma situação falsa em relação aos seus valores, como o assinala C. Dejours: "Os trabalhadores fazem sempre mais frequentemente a experiência de que seus esforços, seu engajamento, sua boa vontade, seus 'sacrifícios' pela empresa culminam enfim em um agravamento da situação. Quanto mais se doam, mais 'eficientes' são, e quanto mais malvados forem para com seus colegas de trabalho, mais os ameaçam, em razão de seus esforços e de seus sucessos" (1998: 16). A não ser se convencendo de que essa é a lógica inexorável do sistema, que os outros agiriam da mesma forma, e que dispor ainda de um emprego não deixa de ser um privilégio; é preciso calar sobre o próprio sofrimento, e sobre o dos outros, considerando que se trata de uma espécie de fatalidade à qual é necessário se adaptar, e contentando-se por ter um emprego. Assim, a indiferença com a sorte dos outros tende a sobrepor-se às antigas solidariedades.

Às vezes o executivo coagido a demitir colegas deve se refugiar em uma espécie de abstração de toda consciência para impor um sistema perverso de defesa no qual "o homem verdadeiramente viril é o que pode, sem falhar, infligir sofrimento ou dor a outrem, em nome do exercício da demonstração ou do restabelecimento da dominação e do poder sobre o outro" (DEJOURS, 1998: 114). Mas "fazer passar o cinismo por uma força de caráter" (DEJOURS, 1998: 128) não evita em contrapartida o risco de um choque. Às vezes o executivo se sente em contradição dolorosa com sua ética profissional, assim como em suas exigências pessoais em relação à qualidade de seu trabalho e em seu sentimento de responsabilidade para com os membros de sua equipe. Ele mesmo, por outro lado, está exposto à mesma lógica de desdém. Diante de suas responsabilidades, o executivo ou o empregado não é mais apoiado por uma equipe solidária suscetível de respaldá-lo em caso de dificuldade. Salvo raras exceções, hoje ele se encontra sozinho diante do assédio ou das pressões devidas à carga de trabalho ou às difíceis decisões que precisa tomar. A fragmentação das tarefas, a concorrência entre colegas e a pressão da hierarquia o impedem de beneficiar-se do reconhecimento de seu trabalho e de dar assim uma significação prazerosa a seu engajamento na empresa.

Cada executivo ou empregado é coagido a se individualizar para se proteger, contribuindo assim para a fragmentação das formas possíveis de solidariedade e oposição. Os que se deixam levar se expõem a um sofrimento mais acentuado, já que doravante se encontram isolados. No final de cada plano social as exigências aos que permanecem empregados são mais elevadas dado que eles foram poupados do desemprego, o que lhes parece uma oportunidade, mesmo que a carga de trabalho e sua fragilidade tenham aumentado.

A significação e o valor atribuídos ao trabalho desaparecem, ao passo que este se transforma em um peso a carregar. Quando o indivíduo não se sente mais à altura de acompanhar o ritmo ou a aceleração requerida por seu posto de trabalho e por suas responsabilidades, ele se vê espreitado pela fadiga crônica que lhe impede inclusive o descanso ou lhe gangrena os momentos de lazer. Para além do medo de perder seu emprego, embriagar-se de trabalho multiplicando as tarefas através de uma mobilização física intensa, intencionada ou imposta pela falta de efetivo ou pela necessidade de certo ritmo, é igualmente uma defesa contra o raciocínio ou uma espécie de desculpa para não espreitar o abismo. Nesse contexto, emergem transtornos de memória, de raciocínio, momentos de desorientação ou confusão mental que apontam tentativas de fuga de um esmagamento sob a pressão física de sempre ter de dar conta das próprias responsabilidades. Nem a vida íntima é poupada, ela pode ser afetada por transtornos do sono, da sexualidade, por irritabilidade com os próximos que suportam mal essa indisponibilidade etc. Pouco a pouco, de mansinho, o indivíduo vai se sentindo cansado, desmotivado, consumindo-se lentamente em uma "derrota da subjetividade" (DEJOURS, 2004: 34).

A necessidade de permanentemente dar conta das coerções da identidade e de oferecer aos outros sinais de boa vontade, notadamente na esfera profissional, acentuam a sobrecarga de trabalho e o esgotamento daqueles cujas forças são cortadas dia após dia e que já não dispõem mais de nenhuma reserva para reconstruir-se. A mobilização permanente leva o indivíduo ao limite de suas possibilidades. O *burnout*, a depressão por esgotamento físico, quando não resta mais ao indivíduo nenhuma energia por ter vivido demasiadamente acima de seus limites, são o preço a pagar por esse investimento. O indivíduo deixa de estar à altura de assumir o próprio cotidiano. Ele pula de uma tarefa à outra sem poder adotar um ritmo adequado ou sem poder parar para descansar. N. Aubert aponta essas patologias do trabalho cujo engajamento desmedido culmina em uma espécie de "superaquecimento". Ela evoca testemunhas "se referindo a pessoas funcionando como 'baterias elétricas que não podem ser desconectadas', outras 'que andam em círculos desembreadas, rodando no vazio', ou outras ainda que simplesmente 'endoideceram'" (AUBERT, 2006: 77).

A derrocada leva, às vezes, ao desaparecimento radical. Ela culmina em uma espécie de ruptura interior, denominada pelos japoneses de *shussha kyohi* (fobia da empresa) (JOLIVET, 2002: 74), que leva a ver o trabalho como um fantasma ou um pesadelo. Da noite para o dia, o empregado ultrapassa um limiar invisível, sente-se invadido por uma imensa fadiga e incapaz de voltar à sua empresa e tampouco de explicar a razão. O Japão também conhece, há vários anos, uma epidemia de *karôshi*, morte súbita, às vezes aos trinta anos, por parada cardíaca. Trata-se de trabalhadores apaixonados, muito zelosos, totalmente dedicados à função que exercem, mas em detrimento da família ou da saúde, que se desgastam até chegarem ao colapso. Eles se fecham em uma espécie de transe de trabalho que os corrói lentamente. Eles se sacrificam pela empresa. Existem várias dezenas de milhares dessas vítimas. V. Jolivet (2002: 109) fala de uma pesquisa feita com 500 empregados, entre 20 e 50 anos, de uma companhia de seguros. Dentre eles, 88% consideram ter "grandes possibilidades", 37% "algumas possibilidades" de um dia morrer por *karôshi*. Para outros, o suicídio é uma maneira de traduzir a negação de continuar colaborando a esse preço, uma derradeira resistência face à violência experimentada, um desaparecimento radical.

Depressões

O luto é uma desistência provisória do mundo, uma existência *a minima* sob a égide da tristeza, mas é passageiro. Ele participa do ordinário da existência após o desaparecimento de um próximo ou por ocasião de uma provação pessoal: "É impressionante que não nos venha jamais à cabeça a ideia de considerar o luto como um estado patológico e confiar seu tratamento a um médico, embora ele afaste seriamente a pessoa do comportamento normal. Nossa esperança é que ele seja superado após um breve lapso de tempo, e consideramos que seria inoportuno e até mesmo prejudicial perturbá-lo" (FREUD, 1968: 148). O luto é uma desistência parcial de si mesmo, um desaparecimento provisório e limitado, socialmente aceitável. Cortado da presença de um próximo ou de uma atividade à qual estava vinculado, o indivíduo é psiquicamente amputado dessa parte dele e tenta redefinir sua relação com o mundo lutando contra o sofrimento.

Para além do luto, a depressão é igualmente uma experiência coercitiva de desaparecimento. Hoje ela é um dos transtornos mais corriqueiramente diagnosticados no mundo (KLEINMAN & GOOD, 1985). Para além de seu âmbito clínico, a noção de depressão torna-se uma referência comum, traduzindo para muitos o sentimento de um esmagamento completo da própria existência. Um ferimento de infância, um trauma (um abuso sexual, p. ex., um abandono...) alimentam a depressão dando-lhe um ponto de ancoragem. A vida presente está sempre na órbita daquele acontecimento, ela oscila em um movimento pendular entre passado e presente, impedindo uma projeção esperançosa na direção do futuro ou em direção ao menosprezo do passado, bem como seu conhecimento e superação, a fim de dar enfim fluidez ao presente. O indivíduo é prisioneiro de um marasmo de sua história cuja consciência nem sempre é evidente.

Entretanto, não podemos fixar as raízes da depressão exclusivamente na infância. Ela, obvia e igualmente, procede da dificuldade de sermos nós mesmos em nossas sociedades, e do esgotamento de incessantemente termos de nos manter ao nível das exigências demandadas às nossas individualidades. A autonomia coercitiva, que é a do indivíduo, é recheada de tensões interiores, pois, para se tornar um homem ou uma mulher responsável pela própria vida, o indivíduo precisa estrebuchar-se e, além disso, em caso de fracasso, prestar contas aos outros e a si mesmo. Incessantemente ele deve dar provas de suas capacidades de agir por sua própria conta e risco. Nossas posições sociais não nascem por acaso, elas devem ser construídas a partir de referências possíveis. Se a colagem dos sinais identitários pode ser fluida e regozijante para os que possuem alicerces narcisistas bem-definidos, para outros ela é um remendo no rasgo, destoante, que provoca medo e defraudação do ser. O indivíduo deve permanentemente construir sua experiência.

A depressão também lança raízes em um acontecimento atual insuperável para o indivíduo, em um luto, em uma demissão, em uma separação... embora ela nem sempre tenha uma razão clara. Ela bate às portas de um homem ou de uma mulher cujas vidas pareciam transcorrer dentro da normalidade. P. Fédida fala dela como uma "quase-noção" (2009: 203) que se traduz por uma intensa culpabilidade, por um sentimento de insignificância, por uma impossibilidade de mudar as coisas ou de entregar-se ao prazer, por crises de angústia, dores de cabeça etc. É uma expropriação de si, o sentimento de estar preso a uma espécie de caricatura infeliz de si mesmo. Ela vai de par com a desaceleração física, com a desaceleração dos movimentos, dos atos, do pensamento, das decisões, mas também acompanha a palavra que passa a ser proferida com uma enunciação monótona, com uma voz enfraquecida ou átona, pesada.

Na vida cotidiana, a imersão na duração é uma evidência. O indivíduo flui nela sem experimentar a sensação de uma distância ou de um obstáculo. Cada instante se vincula ao precedente e nutre uma projeção no tempo, em uma antecipação. Mas essa percepção depende das significações dadas à existência naquele momento. Às vezes o tempo transcorre em câmera lenta ou aceleradamente, conhece ritmos diferentes, ou congela em uma espécie de estase dolorosa. Uma patologia da temporalidade, a interrupção da duração suspende a existência e contribui para torná-la sem graça, sem brilho. Expectativa sem objeto, é uma tonalidade amarga fundada na impotência de agir ou relançar o tempo por projetos. O sentimento da continuidade de si e a rememoração da história pessoal continuam, mas sob uma forma depreciada. A expectativa é profundamente alterada. Se estar presente (*praesens*) é estar na vanguarda de si, aqui a projeção é árdua e sofrida, se arrasta. A percepção do acontecimento é modificada, um obstáculo menor no caminho se transforma em uma montanha, uma observação anódina se transforma em crítica radical de si mesmo...

Para a pessoa deprimida, o tempo parece ter congelado e na verdade alimenta o sofrimento tornando os dias e as noites intermináveis. O sonho se esquiva e se torna um problema. O apetite desaparece juntamente com a apetência de viver. O menor dos gestos demanda um esforço monumental. O indivíduo se sente "vazio", "acorrentado a si mesmo" (MOREIRA, 2003: 117). Nada mais lhe apetece, rumina pensamentos dolorosos, vive um sentimento de incapacidade, de impotência, de indignidade. A autoestima é aniquilada, a ação bloqueada, freada, impossibilitada. A existência é desvitalizada, ou melhor, a revogação de sua significação e de seu valor a torna monótona, vazia. A depressão é uma "doença da responsabilidade" (EHRENBERG, 1998: 10), uma incapacidade de garantir a missão de ser si mesmo, um não lugar em que nenhuma orientação do exterior consegue guiar o sujeito. "Se a melancolia é a característica do homem excepcional, diz H. Rosa, a depressão é o sinal da democratização da exceção. Nós vivemos com essa crença e essa verdade de que cada qual devia ter a possibilidade de criar por si mesmo sua própria história ao invés de sofrê-la como um destino" (2013: 303). O sentimento de si se torna um dilema eterno. "A impossibilidade de reduzir totalmente a distância de si para si é intrínseca a uma experiência antropológica na qual o homem é proprietário de si mesmo e fonte individual de sua ação. A depressão é o parapeito do homem sem guia e a contrapartida do desabrochar de sua energia" (EHRENBERG, 1998: 250). O indivíduo se desfaz de sua antiga personalidade. Logo ele a encontrará, mas no momento atual não é mais afetado por ela. Para P. Fédida (2009), a depressão é para o indivíduo a impossibilidade de sentir a "depressividade", isto é, esses movimentos ordinários inerentes à vida cotidiana de fadiga e tristeza se alternando com momentos felizes. A respiração afetiva é perdida, a existência é mergulhada sem nuança em uma experiência de aniquilamento.

Depressão vem do latim *depressio*: "afundamento", "passagem de cima para baixo". Ela traduz o sentimento de colapso, de desmoronamento, de queda. É a convicção de tocar o fundo do poço e de não estar mais ancorado em terra firme e na existência, mas rodopiando sobre si mesmo, sem se encontrar, como se o desaparecimento ocorresse por uma espécie de falta de solidariedade entre o corpo e o mundo em um estado de suspensão, sempre no limiar do rompimento. O indivíduo não é mais carregado por sua existência, ele perdeu seus apoios e sempre avança no temor de cair. Ele se imagina flutuando no espaço, incessantemente à beira do precipício. "Ainda que, objetivamente, do ponto de vista do observador, esses pacientes se mantenham perfeitamente em pé, embora possam caminhar corretamente e o façam efetivamente, a impressão de planar, de soçobrar ou de deslizar não pode ser afastada. O chão, de fato, só é firme para quem nele se agarra firmemente, para quem, abrigado em si, é capaz de estabelecer, de uma forma ou de outra, seus limites com o mundo", escreve E. Straus (in: GENNART, 2011: 46). O indivíduo se vê sob o fio da navalha, sempre em face ao pesadelo de desaparecer para sempre. Se segura por um triz. Quando já não colabora mais com sua existência, é natural que ele sinta suas pernas falharem em uma espécie de vacilo interior, por medo de submergir diante do peso excessivamente grande das horas e dos dias. Quando o sentido não sustenta mais a pessoa, ela só pode incansavelmente cair; mas, enquanto cai, ainda está viva.

O espectro da depressão é amplo, sobrevindo principalmente após uma decepção, uma traição, um acidente, uma perda de emprego, um luto, uma separação que subtrai o indivíduo de suas referências anteriores, que rompe sua confiança ontológica no mundo e deteriora sua autoestima. Ela atinge igualmente pessoas afetadas pela crise econômica e pelo refluxo da solidariedade: solidão, exclusão, penúria, precariedade, desemprego etc., situações que esgotam as forças desses indivíduos, envolvendo-os na sensação de algo irremediável. A depressão é uma reação diante da adversidade, mas às vezes nasce do nada, de uma gota d'água que faz transbordar o copo e que nem mesmo a própria pessoa consegue identificar, uma espécie de último empurrão, imperceptível, que faz desmoronar as escoras que mantêm a existência de pé. O indivíduo é então expulso de sua vida, não se reconhece mais e se torna irreconhecível aos outros. Desaparece de forma trágica e dolorosa, mantendo uma consciência aguda de permanecer ele mesmo, mas completamente destituído de qualquer poder, tanto que sua existência anterior à depressão lhe parece um paraíso perdido, agora inacessível. Ele não se encontra mais naquilo que faz, as significações e os valores que lhe eram mais caros desmoronam. Rumina seus antigos traumas em busca de um sentido atual para a sua vida, às vezes revivendo-os, ainda que nem sempre estejam em sintonia com a situação presente. Seu corpo é afetado por muitas alterações como enxaquecas, distúrbios digestivos, insônias etc. As emoções são colonizadas pela ruminação da dor, a alegria perde todo seu espaço, inclusive quando um acontecimento longamente desejado se realiza. "Eu não luto contra o mundo, luto contra uma força maior, contra meu cansaço do mundo" (CIORAN, 1979: 107). A depressão sob suas diferentes formas implica remoer a perda. O indivíduo se encontra diante da dolorosa estranheza de sua existência, lançado para fora de si mesmo. Embora permanecendo a mesma pessoa, sente-se esvaziado de sua substância.

A depressão é uma depreciação, um relaxamento da tensão de ser si mesmo por abandono da luta, é um deixar-se andar doloroso. O indivíduo tira férias de sua pessoa. Não se sente mais implicado por ela e não a vê mais senão sob a névoa de uma permanente depreciação. O indivíduo se encontra ao lado de si mesmo, a distância, liberto das responsabilidades da vida cotidiana. Para D. Widlöcher, "o ensimesmar-se depressivo constitui uma atitude protetora da retirada, uma forma de hibernação que permite a sobrevivência do sujeito quando ele não dispõe mais da faculdade de lutar [...]; é uma atitude que simula a morte e já realiza uma espécie de morte psíquica; é ao mesmo tempo mensurar, com ou sem razão, que as condições da existência não são mais aceitáveis e não permitem mais nenhuma forma de luta" (WIDLÖCHER, 1983: 217, 235). Pagando o preço de um longo sofrimento, o indivíduo "se faz de morto" para não morrer, na impossibilidade de continuar usufruindo do prazer de viver. A depressão é o meio encontrado, à revelia, para desacelerar. Ela é uma das formas mais intoleráveis do desaparecimento de si sobre a qual o indivíduo perde todo poder por um longo tempo. Mas ela é também uma antecâmara para voltar um dia à existência com mais distanciamento, tendo reencontrado o prazer de viver, e sendo então capaz de assumir o fato de ser si mesmo.

Personalidades múltiplas

Pode-se desaparecer através da aridez, do apagamento de si, mas também pela fragmentação, como no caso das personalidades múltiplas[5] surgidas nas últimas décadas do século passado nos Estados Unidos, por exemplo. Homens ou mulheres assumem inadvertidamente várias identidades que coexistem sem se conhecer e com biografias distintas. Nenhuma memória comum as interliga. O indivíduo ignora ser o palco no qual atuam e se desenvolvem esses diferentes personagens. Está dissociado deles. Ele abriga duas ou mais personalidades distintas que se apoderam alternadamente de sua personalidade e a dominam.

"Talvez não sejamos feitos para um único eu. Erramos se pensamos assim. Juízo prévio da unidade [...]. Não há um eu. Não há dez eus. Eu é apenas uma posição de equilíbrio" (MICHAUX, 2000: 63). Ordinariamente, a unidade de si é um esforço do indivíduo, uma resistência contra a dissociação que ameaça. Em determinadas circunstâncias, notadamente traumáticas, essa unidade é em parte rompida, e a personalidade se racha, se estilhaça em incontáveis fragmentos. A divisão é uma forma de defesa. Ela vai

---

5. No final do século XVIII, em menor escala social, uma série de personalidades múltiplas foram estudadas pela psiquiatria. Elas são associadas então a fugas mais ou menos duráveis (automatismo ambulatório), ao longo das quais os fujões "esqueciam" totalmente seu estado civil antes de se "acordar" alguns dias ou alguns meses mais tarde (BEAUNE, 1983; HACKING, 1998). À época, P. Janet (1889) avançou a noção de dissociação e de "automatismo psicológico" para caracterizar esses sintomas em que a consciência de si é dissolvida (ELLENBERGER, 1974: 301s.; HACKIN, 1998).

contra a concepção própria às nossas sociedades para as quais cada indivíduo é constituído de uma única pessoa, dotada de uma visão e nome únicos, de um estado civil e uma história que só a ela lhe pertencem. A ideia da unidade de consciência em nossas sociedades se distingue daquela de inúmeras sociedades tradicionais nas quais a pluralidade do *eu* é suscetível de se desenvolver segundo as circunstâncias. A cosmologia destas sociedades não separa a esfera dos deuses e a dos humanos. Às vezes os primeiros visitam os segundos, ou enviam emissários por ocasião dos ritos de possessão ou de transe. Exatamente como outrora, nas culturas gregas ou romanas, nas quais os deuses não cessavam de intervir para, de uma forma ou de outra, influenciar no destino dos homens.

Essa patologia era praticamente inexistente antes dos anos de 1970, período em que a síndrome se difundiu socialmente em larga escala. Modelos de desregramento, como eram denominados por Georges Devereux, esses comportamentos mais ou menos reprovados pela sociedade se impõem a contragosto a um número significativo de indivíduos para expressar seu desconforto. Muitos psiquiatras se dedicaram no aprofundamento da síndrome da personalidade múltipla e em seu tratamento, contribuindo assim, sem intencioná-lo, para um aumento de sua incidência. As mídias norte-americanas também contribuíram para essa banalização articulando-se com uma parte das autoridades médicas, não obstante as polêmicas suscitadas em torno de sua plausibilidade (HACKING, 1998). D. Lynch fez da temática o suporte de filmes clássicos intemporais como *Lost Highway* (1997) ou *Mulholland Drive* (2001). O transtorno de dissociação da identidade é uma forma de reconhecimento social que oferece uma possibilidade de expressão às dificuldades pessoais e a uma busca de sentido mais ou menos fundamentada. Nesse momento de sua história, o indivíduo precisa compreender a razão de sua infelicidade e, sem o seu conhecimento, faz uso de subterfúgios pouco comuns para atenuar sua confusão.

A dissociação da personalidade geralmente é analisada como uma reação a um traumatismo, uma forma de defesa notadamente contra abusos sexuais sofridos na infância, e frequentemente esquecidos. Essa origem faz eco com a tomada de consciência das violências feitas às mulheres e às crianças nos idos de 1970 (MULHERN, 2001). Estilhaçando sua pessoa em diferentes fragmentos, cada fragmento conservando sua autonomia e natureza, o indivíduo busca, mesmo sem o seu conhecimento, proteger-se e embaralhar as pistas. Não se trata de esquizofrenia, já que o indivíduo participa da vida social normalmente, mesmo mudando de personalidade.

Alguns psiquiatras consideram que esse transtorno não tem nenhuma consistência clínica, não obstante inúmeras testemunhas e forte mobilização social negarem essa posição. A primeira descrição desse transtorno aparece no DSM-III, em 1980: "A característica essencial é a existência junto a um mesmo indivíduo de duas ou várias personalidades distintas, cada uma se apresentando, em dado momento, como predominante. Cada personalidade representa uma unidade complexa perfeitamente integrada, caracterizando-se por tipos de condutas, de relações sociais e lembranças que lhe são próprias: essas características determinam os comportamentos do indivíduo quando esta ou aquela personalidade assume a predominância [...]. Normalmente a personalidade original não tem nenhuma consciência da existência de qualquer outra personalidade" (in: MULHERN, 2001).

A irrupção desses transtornos da dissociação suscitou inúmeras dificuldades nos tribunais americanos, tanto nos processos contra os molestadores presumidos (geralmente familiares) quanto nos autores de violações ou mortes que alegavam ter estado, por ocasião do delito, sob a influência de uma das personalidades. Mas a justiça americana descartou esse tipo de defesa, e a prescrição ou a dificuldade de atestar os abusos sexuais tanto tempo depois não permitiu a continuidade dos processos.

Imersão em uma atividade

Algumas atividades de alta concentração são para seus adeptos uma fonte de dissolução de si, uma clivagem que lhes permite abandonar qualquer outro engajamento. A paixão por um jogo está sempre no limite entre o júbilo e a perda. De maneira prazerosa o indivíduo desliza em uma espécie de transe no qual se sente apaixonadamente existindo, embora desvinculado de sua identidade ordinária e sob a constante ameaça de perder o controle ou de deixar-se imergir totalmente na ação. Na obra *La Défense Loujine*, de Nabokov, o personagem central é um adolescente inseguro, mal-amado, sonhando fugas, embora indeciso. Na escola é perseguido por sua lerdeza e obesidade. A descoberta de seus fracassos perturba sua existência. "Para Loujine, soa a hora inevitável em que o universo bruscamente se apaga, como se tivessem desligado o interruptor, como se, em meio às trevas, nada mais brilhasse senão algo totalmente inédito, uma ilhota luminosa, sobre a qual doravante toda a sua existência devesse se concentrar" (NABOKOV, 1991: 31).

O jogo lhe oferece enfim asas para se mover e encontrar seu lugar em um mundo caótico cujas regras ele não compreendia. Lá, debruçado sobre o tabuleiro, ele opta por combinações possíveis de um mundo em miniatura e, na impossibilidade de situar-se em sua própria existência, aos poucos vai se transformando em um mestre imbatível. Ele não vive sua adolescência. De partida em partida vai alargando sua reputação de jogador imbatível contra adversários sempre mais exigentes, negligenciando sua pessoa, um pouco obesa, um tanto arredia aos relacionamentos, a não ser o ritualismo excessivamente minucioso de seus enfrentamentos com os adversários no tabuleiro de xadrez. Aos poucos vai se construindo uma reputação internacional, embora continue vivendo em uma espécie de penumbra que só ilumina o tabuleiro de xadrez. O jogo é seu único refúgio, único lugar em que realmente se sente existir. Fora disso, sua reputação é a de uma pessoa distraída, tímida, preguiçosa, eternamente absorvida pela necessidade de encontrar combinações inéditas, frequentemente malvestido, nem sempre asseado, comendo sempre as mesmas comidas quando não se esquece de alimentar-se, incapaz, enfim, de ocupar-se de si. "Só em alguns raros momentos ele se dava conta de sua existência [...]. De maneira geral, porém, só mantinha relações nebulosas com a vida, que não lhe exigiam grandes esforços" (NABOKOV, 1991: 83).

Por ocasião de um torneio, eis que ele se depara com uma jovem mulher muito maternal, encontrando nela a afeição e a atenção que jamais teve em sua infância. A mulher é toda amorosa e compassiva para com esse homem corpulento, taciturno, lento, incapaz de tomar conta de si, e descobre a significação de seu existir entregando-se à função de protegê-lo. Por ocasião de um torneio prestigioso, ele enfrenta um mestre italiano, adversário temível, e se vê literalmente consumido pelo raciocínio do jogo. Após cada sessão, "era-lhe cada vez mais difícil livrar-se do mundo dos fracassos" (NABOKOV, 1991: 111), e, por vezes, o mundo das combinações parecia invadir-lhe a existência. "Os fracassos cobriam para ele o campo do real, o resto não passava de um sonho [...]. Essa vida real [...], Loujine constatou com orgulho tê-la dominado sem dificuldade, dizendo que tudo obedecia à sua vontade e se conformava com suas ideias" (NABOKOV, 1991: 119). Mas o engajamento excessivamente rápido na luta o engoliu, e quando seu adversário inicia a jogada decisiva atacando seus padrões de jogo costumeiros, Loujine se esgota. A luta entre os dois homens é feroz, e Loujine entrega os pontos. "O que mais havia no mundo além dos fracassos? A neblina, o desconhecido, o não ser..." (NABOKOV, 1991: 124). Na pausa, Loujine desmorona, e entra em um mundo "sombrio e nebuloso" (NABOKOV, 1991: 125).

Após uma longa convalescença ele retorna à sua existência, afastando o universo dos fracassos sob os conselhos de seu médico. Mas ele já perdeu sua proteção contra a adversidade do mundo. Ele se casa com a mulher que o ama e se esforça para exercer o papel que lhe pedem, mesmo que muito superficialmente. Restaura um equilíbrio precário com uma esposa vigilante e amável que vela por ele. Por ocasião de um baile, ele encontra Pétrichtchev, um antigo colega, que lhe recorda as vexações de sua infância. Apesar de seus esforços repetidos para livrar-se do importuno, este continua a assediá-lo e a evocar-lhe suas sofridas lembranças ao ponto de Loujine deixá-lo falando sozinho. "Ele se dá conta de que a combinação era ainda mais complicada do que inicialmente a imaginava, que o encontro de Pétrichtchev representava a sequência de alguma outra coisa e que precisava aprofundá-la melhor, voltar atrás, reencenar todos os golpes de sua vida, desde a doença até o momento daquele baile" (NABOKOV, 1991: 181). Ele parece abandonar pouco a pouco a existência ordinária não obstante os esforços de sua mulher, e agora é contra o próprio mundo que trava uma partida de fracassos como se se encontrasse sobre um imenso tabuleiro de xadrez no qual sua própria mulher e seus próximos se tornam os adversários, e a partida, o decurso da vida cotidiana. "Ele só conseguia pensar em termos de fracassos" (NABOKOV, 1991: 218). Ele ainda se adequa ao jogo social, mas preparando sua defesa, até o momento em que a iminência de uma viagem, preparada por sua esposa e da qual ele não suporta a ideia, o leva à decisão de "retirar-se do jogo" (NABOKOV, 1991: 228). No mesmo dia, ele dribla a vigilância de sua mulher e sobe no parapeito da janela de seu quarto. E se joga no vazio pensando estar enfim salvo (NABOKOV, 1991: 231). Agora já não precisa mais sustentar sua pessoa no esforço de existir. O relato de Nabokov é exemplar e lembra que determinadas atividades que exigem um excessivo investimento são primeiramente escudos que se opõem ao mundo exterior, tentativas de fugir de si mesmo encarnando apenas essa parte privilegiada que se desincumbe do resto.

O engajamento apaixonado em uma atividade opõe à incerteza das relações sociais uma relação regular que orienta totalmente sua existência, mas que o indivíduo tem o sentimento de dominar à vontade e eternamente. A atividade pode girar em torno de um objeto como a droga, a internet ou os jogos eletrônicos etc., graças aos quais o indivíduo decide a seu bel-prazer, mas com o risco de transformar seu entorno em pura utilidade e não investir em mais nada. Essas relações de dependência são uma forma de controle exercido sobre a vida cotidiana diante das turbulências do mundo.

3 Formas de desaparecimentos de si na adolescência

> Mas tu não tens mais necessidade de escusas, de remorsos, de nostalgias. Não rejeitas nada, nada recusas. Deixaste de avançar, mas o que não avançaste, não compartilhas; chegaste, mas não vês o que irás fazer mais adiante.
>
> Georges Perec. *Un homme qui dort.*

Apagar as coerções da identidade

Se, para o essencial, os adolescentes levam a vida "numa boa", 15% deles se sentem em contradição com o mundo e passam por períodos de angústia ao longo dos quais se sentem em perigo, atravessando o que o vocabulário da saúde pública denomina hoje comportamentos de risco. O sofrimento próprio da adolescência nasce da diferenciação e do advento de si. Ele não é habitual, a não ser que proceda de um fato traumático que divida a vida em um antes e um depois (incesto, violação, acidente, separação conflituosa dos pais...), ou de um contexto afetivo doloroso (maus-tratos, ausência de amor, conflitos familiares etc.). Geralmente o jovem se debate em um mal-estar difuso, difícil de discernir. Ele não sabe o que busca e isso lhe parece às vezes tão próximo e tão inacessível. Ameaçado, ele enfrenta uma situação que limita sua margem de manobra sobre o mundo e altera profundamente seu prazer de viver. Ele se sente ameaçado em sua integridade e em sua continuidade pessoais. Ele é a única pessoa que não gostaria de ser. Mais do que qualquer outro período da vida, essa passagem é repleta de dúvidas, turbulências e interrogações sobre o sentido da vida. O sofrimento alcança uma rara intensidade, já que o jovem não dispõe ainda de uma história própria capaz de relativizar sua confusão. Atingido em cheio pela adversidade, ele convive com o sentimento de que a situação não pode permanecer como está. Principalmente para os que pensam que sua vida lhes foge, e a projeção no tempo esbarra sem cessar em um doloroso presente.

Se a criança se livra por si mesma de uma parte da dificuldade de existir pelo fato de ser assumida pela família, pela escola ou pelas atividades lúdicas, a partir da puberdade o jovem se rebela mais, às vezes entra em conflito com seus pais ou padrastos em razão das carências ou dos maus-tratos que vive ou pensa estar sofrendo, mas também é confrontado consigo mesmo, com a necessidade de inventar-se um personagem, voar com as próprias asas. A evidência do caminho com frequência se esquiva, sobretudo se os pais não são suficientemente receptivos, disponíveis, amáveis. O jovem perde seu centro. Jogado em um mundo que não compreende, fracassa ao tentar separar seus fantasmas do real. Ele continua vulnerável se não encontrar os limites de sentido postos de maneira compreensível por seus pais ou por alguém de confiança a fim de discuti-los ou combatê-los e nutrir assim o sentimento de seu valor pessoal. O mesmo acontece quando ele se depara com os maus-tratos, a rigidez, a indiferença, ou com a impossibilidade de fazer ouvir sua própria opinião. A edificação de sua existência a partir de seus próprios recursos de sentido é uma empresa difícil ao perceber-se carente de matéria-prima para construir-se. Confrontado com uma multiplicidade de escolhas possíveis, mas sem orientação, o jovem se vê diante de uma longa busca de reconhecimento pelos outros e de sentido para a própria vida. Para assumir a própria identidade, convém que ele se reconheça na trama social e se sinta existente aos olhos dos que nele apostam. Mas, para o jovem levado pelo sofrimento, o sentimento de identidade é antes uma soma de coerções, um fechamento ao mundo.

A maioria dos comportamentos de risco, sobretudo os que se valem de uma provação extrema e/ou de um sacrifício, são formas de resistência pelo viés de tentativas brutais de redefinição diante da impossibilidade de a pessoa ser ela mesma. Brincando com a morte ou aceitando pagar o preço de suas aventuras, existem finalmente adolescentes que tentam ter acesso a uma outra versão de si mesmos (LE BRETON, 2007, 2013). Outros comportamentos de risco, em contrapartida, nascem da indiferença que o jovem tem para consigo mesmo quando o prazer de viver quase não tem mais importância. Trata-se de jovens que, provisória ou duravelmente, aspiram a não ser pessoa, sem nome, perdidos no branco, em um "branco" da vida, desvencilhados de qualquer responsabilidade. Trata-se de pessoas que buscam a ausência, que brincam de morrer pela fadiga, exaustos de serem eles mesmos... Para alguns adolescentes, o branco é uma forma de demissão de si, uma vontade de fazer *tabula rasa* de uma exigência que só existe por uma espécie de força da gravidade. A indiferença para consigo suscita a exposição a um perigo que não é mais percebido como tal, já que, neste caso, o jovem não se habita mais totalmente. Para esse jovem, a intenção é menos a de morrer do que a de desaparecer. Trata-se de despojar-se de seu personagem, de não ter mais de sustentá-lo. Essa atitude testemunha a impossibilidade de ser um indivíduo, de empenhar-se como sujeito da própria existência.

No discurso de muitos jovens, sobretudo adolescentes, a morte visada através das tentativas de suicídio é uma espécie de sono do qual é possível despertar um dia, é um tempo de suspensão, e inclusive de purificação, que despoja enfim das escórias que infectam a existência. Ela se assemelha nesse sentido à fuga, à busca de um lugar alhures para retomar o fôlego. A morte não é a morte propriamente dita, mas uma forma de desaparecimento tranquilo para estancar enfim o fluxo doloroso dos pensamentos. "Eu queria dormir", "e queria que isso parasse", "isso me sobrecarregava a cabeça". Reanimada após a ingestão de uma dose excessiva de remédios, Lucie, 16 anos, declara não ter tido a intenção de se matar, e inclusive confessa temer a morte; ela apenas teria sido transportada por uma vontade irresistível de coma. Queria ficar entre a vida e a morte em um interminável sono. Alguns jovens declaram explicitamente esse desejo de coma, esse desaparecer sem morrer definitivamente, esse ficar em uma suspensão sem fim, uma espécie de camarim onde encontram um apaziguamento antes de fazer as pazes com a obrigatoriedade da representação. Morrer não é matar-se, mas desaparecer atrás da cortina de um palco antes de voltar à cena, purificado de toda preocupação em uma espécie de fantasma de bela adormecida. Morrer através da apropriação indevida de medicamentos cuja virtude é justamente a de provocar o sono, mas aumentando sempre mais as doses para que sejam mais eficazes.

Esse recurso para tentar oferecer-se à morte é revelador: é o meio mais frequentemente utilizado pelos adolescentes, sobretudo as meninas, reenviando a uma conduta mágica de supressão do sofrimento por um procedimento imediato. São os mesmos medicamentos prescritos pelos médicos que servem para as tentativas de suicídio. Da mesma forma que seus pais tentam regular suas dificuldades pessoais com procedimentos químicos, com psicotrópicos etc., em busca do fármaco mágico e não mais tentando mudar o curso da existência, seus filhos usam indevidamente esses compostos químicos. Esses remédios para aliviar a infelicidade são utilizados para tornar a existência mais leve, uma espécie de expectativa mágica de resolver todos os males.

Esse desejo de dormir é em larga medida uma forma de regressão, uma vontade de volta à infância e livrar-se da carga de tensão ligada ao fato de crescer e de ter de assumir novas responsabilidades. As coerções da identidade são duras de suportar e demandam um alívio simbólico. É uma busca de supressão, sobretudo quando o jovem tem dificuldade de construir-se. Suspensão de si, busca de um coma não premeditado, mas interiormente desejado como refúgio onde construir-se. Morte não brutal e definitiva, mas reversível e maternal, lugar de apaziguamento das tensões, em uma palavra: morte sem cadáver da qual se volta regenerado. A preocupação é menos a de morrer do que a de não estar aqui, menos a de matar-se do que a de viver, um simples despojar-se do pior. Muitos dos que morrem não o queriam, diferentemente do suicídio de pessoas mais velhas nas quais o sentimento do trágico da vida está claramente presente (LE BRETON, 2007).

A velocidade nas estradas, de carro ou de moto, para os adolescentes (ou os mais velhos), também é uma maneira de fugir de si. Quem roda em alta velocidade em uma autoestrada ou no tráfego das cidades se focaliza estritamente no instante e nos obstáculos a superar. À menor distração põe em risco sua vida e a dos outros. Essa fixação no instante presente o desincumbe de toda projeção sobre o futuro. O tempo já não existe mais, nem o antes nem o depois. Como o diz Milan Kundera, comentando a velocidade de um motociclista, ele "não se concentra senão no segundo presente de seu voo; agarra-se a um fragmento de tempo desvinculado do passado e do futuro; é arrancado da continuidade do tempo [...]. Ele está em êxtase" (KUNDERA, 1995: 10), liberto da gravidade de sua história pessoal. Mesmo se, inevitavelmente, deva voltar a si ao termo de seu périplo. Mas, por um instante, ele conseguiu fugir de si e recompor-se.

As técnicas de "branco" são tentativas de livrar-se de si para fugir das pressões de uma identidade intolerável. Aqui o jogo eventual com a morte é menos uma tentativa de criação de sentido do que uma indiferença em relação à própria pessoa. Ele marca um desligamento narcisista radical. Na adolescência as formas de desaparecimento de si são muitas. Ao mesmo tempo, paradoxalmente, elas reconfortam o adolescente, pois ele é o mestre (ou assim se acredita) das experiências de apagamento que se inflige. E às vezes estas são provisórias e desenham formas de ensimesmar-se para não ser mais exposto. Suas consequências imediatas são os atrasos de aprendizagem, dificuldades às vezes com a justiça, vulnerabilidade em termos de circulação rodoviária, exposição aos outros em termos de coma etílico ou bebedeiras etc.

Errância de espaço, errância a si

Na vida cotidiana o jovem, como qualquer indivíduo, é envolvido em uma trama de responsabilidades e de sociabilidade: ele carrega um nome, um rosto, é filho ou filha, irmão ou irmã, assume uma escolaridade, estudos ou trabalho. Permanentemente seus feitos e gestos se inscrevem em uma trama comum, e deve prestar contas aos outros em cada situação. Alguns jovens não se esforçam para manter o personagem que o vínculo social lhes exige. Renunciando às coerções da identidade, eles cessam de inscrever-se em uma filiação, em uma história, deslizam simbólica ou realmente para fora da sociabilidade na qual as funções são atribuídas conjuntamente com as responsabilidades inerentes ao vínculo com os outros. Eles tomam então a estrada apagando as pistas atrás de si. Outrora eles também fugiam, mas a errância, por sua vez, é uma partida radical do domicílio familiar acompanhada de uma vontade de ruptura. Eles aspiram a não ser mais pessoa, sem nome, perdidos no anonimato das estradas ou dos imóveis abandonados, livres de qualquer responsabilidade, nômades entre os interstícios do vínculo social. A fuga é uma espécie de descanso provisório dos papéis próprios da vida familiar e social, uma maneira de desaparecer por algumas horas ou dias. Muitos jovens errantes começaram com breves fugas; mas, cansados de ter de brigar incessantemente, se deixam levar e nunca mais voltam para casa. A errância torna a fuga crônica traduzindo a vontade de se desfazer de um estado civil doloroso.

Mesmo inserido em uma sociabilidade mínima, o jovem se alimenta do "branco". Sem dúvida, o branco não é de fato o vazio; ainda há sentido. Não se trata, pois, de morrer, mas de não estar mais "presente" para construir-se como pessoa, de livrar-se do vínculo social, como modernos Bartleby, através de uma espécie de greve de qualquer responsabilidade. Como se, ao não se movimentar mais, o sofrimento diminuísse e as circunstâncias ambientes fossem anuladas por uma vontade de apagar qualquer traço de suas origens. Para não mais sentir sua aspereza, o jovem toma distância do entorno familiar e se alivia do esforço da representação social que ela lhe impõe. Ele cessa de ensejá-la, perde o centro de gravidade, ou jamais o teve, tenta passar despercebido na rua, se dissolve no espaço. Para tanto, faz uso de inúmeros psicotrópicos, a começar pelo álcool, que somados induzem a uma flutuação, a uma diluição exatamente do sentimento de identidade.

No início da errância, às vezes, há a vontade de fugir da violência familiar, das injustiças, dos abusos sexuais, da falta de amor ou da violência física. Percebido como incômodo e fonte de tensão, o jovem é enxotado de casa após um conflito com um dos pais, um padrasto ou uma madrasta. Os outros à sua volta não lhe conferem nenhum reconhecimento, a não ser rejeição. Ele jamais recebeu apoio materno (*holding*) e familiar capaz de propiciar-lhe confiança em si mesmo e o sentimento de sua consistência pessoal, muitas vezes é inclusive desestimulado pelas atitudes do pai ou padrasto. Outros jovens, sobretudo meninos, tentam desvincular-se de uma figura materna sufocante sob um fundo de ausência real ou simbólica da autoridade paterna em um momento da história pessoal no qual tentam ter acesso a uma identidade própria. A errância é a tentativa de parar o tempo controlando o espaço. A temporalidade sempre implica o futuro, projetos, e não funciona sem origem. E esta é insuportável para o jovem que abandonou sua família, seu bairro, seus próximos, para ir justamente ao encontro da incerteza.

De uma maneira ou de outra, esse jovem tenta colocar um ponto-final à sua infelicidade, e, às vezes, a respeito do tratamento do qual é objeto de sua família, sua partida é um ato de salvaguarda mais próximo de um gesto de provação extrema à medida que se abandona ao desconhecido. Em parte alguma, ele dispõe de um lugar em condição de acolhê-lo, isto é, de congregá-lo, de apaziguá-lo, de dar-lhe o sentimento de sua existência. Afastado de sua família, da escola, do colégio, da universidade ou do trabalho, ele se joga de cabeça no espaço, às vezes animado pelo romantismo de vaguear estrada afora. Foge de tudo por não ter sido apoiado e orientado. Partir incessantemente para alhures é uma maneira de agarrar-se ao espaço para continuar vivendo. A rua e a estrada são então lugares de menor sofrimento onde ele se sente anônimo, fadado à passagem, sem qualidade alguma. Ele não precisa prestar contas a ninguém, não é identificável, excetuando-se as informações por ele mesmo destiladas.

Habitar a duração de maneira feliz exige confundir-se com a evidência de sua história e aceitar a confrontação com a ambivalência do mundo. A impossibilidade de habitar o tempo e de nutri-lo com projetos impõe agarrar-se ao espaço deslocando-se de um lugar para o outro. E, para esses jovens, o espaço é uma trava de segurança à duração, pois, se o tempo foge a qualquer tentativa de controle e se confronta com a angústia do futuro, o espaço, pura vastidão, é controlado pelo indivíduo. Ele percorre esse espaço à sua maneira, sem impor-lhe uma direção irremediável, diferentemente do tempo. A errância expande o tempo para desativar sua irreversibilidade e mantê-lo sob controle. O jovem avança para não desabar. Daí a imprevisibilidade de seus comportamentos, a dificuldade, por exemplo, de os assistentes sociais marcarem com ele um encontro. Ele pode até aceitá-lo no momento em que lhe é proposto, já que vive no imediato, mas algumas horas mais tarde a situação muda. Se alguém lhe fala de um imóvel invadido em outra cidade ele se une aos companheiros de jornada e parte, a menos que uma briga qualquer entre eles o leve a outras direções. A ocasião leva a outra partida, à instalação em outro imóvel ou à ruptura brutal com seus antigos companheiros.

F. Goldberg e P. Gutton evocam, a propósito desses jovens errantes (que envelhecem na impossibilidade de instalar-se no tempo buscando seu lugar), "uma relação de dependência com o espaço" (1996: 59). Eles vivem da estrada, lançando-se eternamente no espaço. A identidade vinculada à própria história lhes é insuportável, e a indiferença da rua paradoxalmente parece provocar um sentimento de vulnerabilidade menor. Vivem sob o olhar dos outros e inteiramente na superfície de si mesmos, sem nada oferecer. A errância é uma maneira de colocar à distância um foro íntimo excessivamente doloroso. Investir demasiadamente no espaço conjura a dificuldade de habitar os próprios pensamentos. O espaço físico desses jovens é inabitável demais para nutrir um sentimento de pertença a um lugar preciso. Arrebatados por uma temporalidade em sequências sucessivas ocasionalmente ligadas, eles vão de imóvel invadido em imóvel invadido, de lugar em lugar, sem conseguirem se deter. Caem no espaço. A existência em transição lhes impõe estar sempre em movimento. Não encontrando seu lugar, não cessam de adiar seu nascimento. Vivem entre o tempo e espaço, suspensos entre si e os outros, sem intimidade pessoal. Assemelham-se ao personagem de P. Auster na obra *Cité de verre* que descobre a vertigem "de dar adeus a si mesmo, e, abandonando-se à agitação das ruas, limitando-se a ser tão somente um olho que olha, podia fugir da obrigação de pensar, o que, mais do que qualquer outra coisa, lhe aportava um pouco de paz, um vazio interior salutar. E era finalmente tudo o que ele sempre havia almejado: estar em lugar nenhum" (1987: 16). Existem maneiras públicas de igualmente desaparecer.

Em sua ruptura de filiação, eles suprimiram sua origem, e uma confusão espacial deliberada prolonga a origem de seu sentimento de identidade. Um sobrenome ou um pseudônimo marcam a aparição deles no mundo da rua: maneira de se "des-nascer" e de se autoengendrar recusando ou esquecendo os que os colocaram no mundo. Seu corpo é excessivo, incômodo e doloroso em razão dos acontecimentos anteriores e de seu modo de existência: não é mais causador de um sentimento de identidade. A área por eles habitada implica suportar o frio, a fome, a promiscuidade, a falta de sol, a ausência de higiene, o álcool, as drogas, os tóxicos, as violências no interior dos imóveis invadidos ou das ruas, as relações sexuais mais ou menos consentidas, geralmente sem preservativos. A maioria dos jovens da rua são ardentes consumidores de coquetéis farmacológicos (álcool, heroína, cocaína, medicamentos, psicotrópicos etc.). Suas condutas extremas os levam às vezes a lidar com a morte. Outros, fronteiriços, deslizam pouco a pouco para descompensações psicóticas e ataques neurológicos em razão das doses repetidas de fármacos ingeridos sem a devida preocupação com as consequências.

Em coerência com a impossibilidade de encontrar um lugar, eles tentam desaparecer entre as malhas do tecido social, existir apenas nos interstícios, viver de passagem para não se estabelecer. Indo aos limites deles mesmos para não serem martirizados, vivem finalmente nos confins da cidade, lá onde nenhum ataque é possível. Eles povoam um terreno vago da cidade, lá onde reinam as significações indecisas, na pendência como eles mesmos o estão. Esses não lugares onde ninguém se detém se tornam refúgios nos quais essas pessoas se perdem e se encontram de acordo com as circunstâncias. Em suspenso, acampam em lugares de passagem, nas ruas, nas esquinas, nas estações, nos bancos das praças... Vontade de perder-se em uma desorientação das referências temporais e espaciais, mas também de desvincular-se da própria identidade. Preenchendo o vazio através de incontáveis tóxicos associados ao álcool, sem inclusive buscar flutuar ou obter sensações, o que buscam é apenas a ausência. Entretanto, se o sentimento de identidade é em parte dissolvido, ele deixa um corpo investido de sinais que, não obstante tudo, autorizam uma identificação, maneira última de dar-se um limite marcando a pele com chamarizes simbólicos: tatuagens, *piercings* e cicatrizes abundam como que para vedar as inúmeras falhas do "eu-pele". Trata-se do envolvimento da ausência para não desaparecer totalmente. São principalmente os meninos que fazem da rua um modo de existência. As meninas são mais raras. Elas toleram menos a promiscuidade da errância, são mais vulneráveis a ela, e geralmente são mais inclinadas do que os meninos a aceitar propostas de reinserção.

Raros são os casais ou as amizades que resistem às múltiplas provações da rua. Os "namoricos" se renovam sempre, através de relações sem profundidade, menos fundadas na duração do que nas conveniências de espaço fadadas à obsolescência, exceto o animal com o qual caminham estrada afora, prótese de identidade que repara um pouco a deles e ou à qual se identificam. "É por isso que devemos recebê-los com seus animais, pois, por detrás da reivindicação agressiva 'Não há lugar para os cachorros?', podemos perceber as premissas de outra demanda" (QUESEMAND ZUCCA, 2007: 43). Para alguns, o subúrbio é uma maneira de furtar-se a qualquer possibilidade de ser identificado, é uma espécie de estagnação no limiar; para outros, em contrapartida, ela é uma antecâmara de retorno ao vínculo social.

Alguns, muito além da adolescência, jogados na rua pelas contingências da própria história pessoal, vivem nela tentando suprimir ou esquecer a antiga identidade. Outros tentam reconstruir-se em outro contexto ou tentam sobreviver por conta própria, por suas capacidades "intelectuais", pelo acesso a estruturas de apoio, e, o mais frequente, após uma fase difícil mais ou menos longa, socialmente se "reintegram", e eventualmente encontram um trabalho, um apartamento, um lar. Estes nunca renunciaram totalmente a si mesmos, e sempre se esforçaram para não afundar após terem sido levados pela adversidade e, com o passar do tempo, se ajustaram às situações brutais da rua para não ficarem eternamente à sua mercê. Eles continuam sendo atores da própria existência, mesmo tendo escolhido por um tempo a rua para morar.

Outros, em menor número, mas envolvidos por esse espírito de "branco", criam raízes na rua e ali envelhecem, cortando definitivamente as relações com o homem ou a mulher que tinham sido. Estes, aliás, geralmente não trazem mais consigo nenhum documento de identificação. Sua alcoolização crônica lhes serve de narcótico para marcar o tempo e esquecer as horas que passam. Ela interfere também no sentimento de si e favorece uma indiferença crescente para com a própria história pessoal. Quanto mais os anos passam, mais essas pessoas se confundem com a rua, e vivem tão ausentes de si mesmas que suas dores, doenças e deterioração da vida não as afetam mais. Olham o horizonte sem se sentirem implicadas, observam seus membros quebrados ou desfigurados e suas doenças de pele como se as dores afetassem outro corpo. Obviamente elas continuam sendo artesãs da própria existência, engenheiras das próprias capacidades de sobrevivência contra tudo e todos, mesmo se recusando às vezes aos cuidados dos serviços públicos de saúde. Mas uma parte delas mesmas parece desinteressada. J. Furtos evoca, neste contexto, uma "síndrome de autoexclusão" através de "um desaparecimento do poder de agir [...], uma 'des-subjetivação' que se manifesta por uma divisão do eu: o eu não quer saber mais nada de si mesmo, o que requer uma negação, ou seja, uma desconexão do sensorial e do pensamento, gerando a impossibilidade de reconhecimento psíquico de uma realidade que afeta o corpo e o ser corporal" (FURTOS, 2008: 119-120). Sem dúvida, para além de uma negação, trata-se de outra modalidade da relação consigo mesmo e com o mundo, de uma vontade de não estar ligado à realidade exterior na qual o indivíduo não se reconhece mais. Furtos fala igualmente do "fato de fazer greve de si mesmo por ter perdido o prazer de viver" (2009: 43).

Essa supressão de si, esse desinvestimento da história pessoal, torna o corpo facultativo, embora sempre presente, já que a condição humana é corporal, mas despido, estrangeiro de si mesmo. O indivíduo não se desfaz do corpo, simplesmente o negligencia, não se sente mais realmente implicado por ele. Frequentemente o indivíduo não reivindica nenhum cuidado ao corpo, imerso em um "branco" radical não deliberadamente escolhido, mas no qual se afunda ao longo do tempo. Patologias cutâneas (micoses, eczemas, sarna), gangrenas, fraturas, ferimentos, tuberculose, problemas dentários, dores de barriga... são deixados como tal. Obviamente, o alcoolismo massivo exerce um papel analgésico e, pouco a pouco, diminui a sensibilidade à dor, mas esta acaba por não ser sentida por falta de cuidados e de atenção para consigo. Nesse contexto o desaparecimento de si se traduz pelo desinvestimento no corpo, pelo movimento inverso ao narcisismo em relação à própria pessoa. Para sentir novamente a dor é necessário ainda estar ligado de alguma maneira à existência, o que acontece às vezes após um encontro inesperado ou depois de uma hospitalização e reconhecimento de sua pessoa por um ou vários agentes (LE BRETON, 2010). A pessoa retorna então lentamente a si, toma posse novamente de si e "renarcisa" seu corpo. O desaparecimento de si não é uma fatalidade irreversível. Se algumas circunstâncias o induziram, outras podem anulá-lo, e assim o indivíduo pode retornar ao mundo sob uma forma mais favorável.

No coração do branco

Mesmo não sendo totalmente um errante, antes um viajante em ruptura, Chris McCandless é um exemplo emblemático dessa busca de um desaparecimento que finalmente assume a via do branco na neve, isto é, a de um mundo calmo, uniforme, puro, onde as referências são anuladas. Esse jovem americano oriundo de uma família abastada da Costa Leste dos Estados Unidos deixa seus pais no verão de 1990, sem avisá-los, após a obtenção de seu diploma secundário. Naquele momento ele doa suas economias a uma obra humanitária, abandona seu carro e quase tudo o que possui, queima os cheques bancários que ainda lhe restam no bolso. Troca então de nome e se torna Alexandre Supertramp. Seus pais continuam acreditando que ele esteja na Universidade de Emery, onde se inscreveu, embora, de fato, ele leve uma vida de vagabundo, apagando as pistas atrás de si. Ele reata com a velha tradição do *hobo*, isto é, do trabalhador itinerante, indo de uma cidade a outra com seus próprios meios. Animado por uma vontade de voltar a uma filosofia de vida simples, à escuta da natureza, ele se considera discípulo de Thoreau do qual cita frequentemente frases aos seus interlocutores. Às vezes escreve para sua irmã e mantém atualizado um diário. Ele costuma nutrir amizades fortes com algumas pessoas que encontra. Às vezes trabalha algumas semanas antes de recolocar sua mochila nas costas. Após dois anos de peregrinação, de carona ele chega ao norte do Monte McKinley, na brancura da neve. Quatro meses mais tarde, caçadores de alces encontram seu cadáver nos vestígios de um velho *trailer* que servia de refúgio às raras pessoas que se aventuravam por aquelas bandas.

O escritor J. Krakauer redige um artigo a seu respeito no momento da descoberta de seu corpo, mas o personagem o assombra, pois ele mesmo viveu uma experiência de ruptura da mesma ordem, da qual conseguiu sair ileso. Chris é o seu duplo. Para melhor compreender-se a si mesmo, o articulista se lança em uma vasta investigação para encontrar as pessoas que cruzaram o caminho desse jovem por ocasião de seu longo périplo. Chris não tolerava mais as obrigações sociais e a hipocrisia que, segundo ele, impregnavam todas as relações, a começar por aquelas que o ligavam aos seus pais. "O momento veio-me por uma ação brusca e rápida: vou ejetá-los definitivamente de minha vida. Vou me separar de uma vez por todas deles enquanto pais, e não dirigirei mais nenhuma palavra a esses dois idiotas pelo resto de minha vida. Rompi com eles, de uma vez por todas", escreve para sua irmã Carine (KRAKAUER, 2008: 98). Pela estrada, longe de recusar qualquer contato, ele se revela aberto, caloroso, curioso, mas se recusando a ceder sobre a exigência interior que o guia. Não obstante a tenacidade de seu desejo de se desfazer das coerções da civilização, dos preconceitos, das injustiças, da falta de transparência das relações sociais, Alex não é rigorista. Ele encontra um velho homem, Franz, antigo militar, que perdeu sua esposa e seu filho único em um acidente provocado por um motorista imprudente. Com ele, aprende a trabalhar o couro e fabrica um cinto sobre o qual marca o símbolo dos acontecimentos marcantes de seu périplo. Algumas semanas antes de partir para o Alaska, Alex escreve a Franz: "O núcleo central do espírito vivo de um homem é sua paixão pela aventura [...]. Não vos estabeleçais em um único lugar. Deslocai-vos, sede nômades, e cada dia vos oferecerá um novo horizonte" (KRAKAUER, 2008: 89).

No interior do *trailer* onde encontrará a morte, Alex escreve em um pedaço de compensado: "Já tem dois anos, ele caminha sobre a terra. Sem telefone, sem piscina, sem animais de companhia, sem cigarros. Liberdade extrema. Ser um extremista. Um viajante esteta cujo domicílio é a estrada [...]. Agora, após dois anos de deambulações esta é a aventura final, a maior. A batalha decisiva para matar o ser no interior de si e concluir vitoriosamente a peregrinação espiritual [...]. Ele não será mais envenenado pela civilização da qual foge e caminha sozinho para estar mais próximo da natureza" (KRAKAUER, 2008: 230). Nessa redação Alex apaga sua subjetividade em benefício de um neutro através da expressão "ele". Vontade de despojamento, de imersão na *wilderness* [vida selvagem], denegando as vantagens e coerções da civilização.

Para sobreviver no Alaska, Alex lê obras sobre plantas comestíveis, interroga caçadores sobre a melhor forma de localizar uma caça e secar sua carne para conservá-la. Chegado ao lugar de seus sonhos, ele se depara com a carcaça de um velho *trailer* onde monta acampamento. Seu encontro com a *wilderness*, no entanto, o decepciona, pois, como caçador, revela-se inepto. Em condições extremas, a sobrevivência não tolera improvisos. Alex desejava percorrer a passos largos uma terra livre de toda presença humana para pôr-se à prova e encontrar o que frequentemente denominava natureza pura. "Em 1992 não existiam mais pontos brancos nos mapas, nem no Alaska, nem alhures. Chris, com sua lógica particular, encontra então uma solução elegante: simplesmente some do mapa. Por consequência, independentemente de tudo, é em sua mente que a *terra* restará *incógnita*", escreve J. Krakauer (2008: 243). Entretanto, seriamente combalido pela ingestão de uma erva venenosa confundida com outra, debilitado, paulatinamente vencido pelo veneno ingerido, ele se sente no limiar da inanição. Incapaz de fugir do velho *trailer* do qual percebe a morte se aproximando rapidamente, escreve para improváveis caçadores que por lá poderiam passar uma mensagem, revelando seu verdadeiro nome: Chris McCandless. E faz ainda uma última *selfie*, rosto sorridente, uma das mãos abanando, sinalizando um adeus. Em seus derradeiros dias de périplo, Chris dá férias a Alex, buscando um retorno ao mundo civilizado, mas sua incapacidade de lidar com a natureza o derrotou, fazendo-o desaparecer definitivamente no branco.

Deslizar no infinito do virtual

Certamente, mantida sob controle, a supressão de si é também uma forma de prazer enquanto alivia a sobrecarga do eu. Uma maneira simples de se desfazer das coerções de identidade consiste em se engajar nos chats ou nos fóruns, nos jogos de vídeo on-line, nos mundos paralelos da internet que multiplicam pseudônimos ou avatares. A rede difrata as facetas do indivíduo, ela é adequada às brincadeiras de identidade à medida que não é necessário apresentar provas de veracidade da pessoa que declaramos ser. O desaparecimento do rosto, e mesmo da voz, é uma condição ideal de desaparecimento de si à sombra do avatar ou do pseudônimo, já que o reconhecimento de si é impossibilitado. As confidências e os disfarces ocorrem livremente e sem medo de possíveis consequências negativas na vida real (ao menos para quem usa da prudência). Na rede "eu sou o que afirmo ser", a menos que uma *webcam* desmascare a falsa informação, sobretudo em termos de aparência. Na rede o indivíduo se dilui em uma multiplicidade de ramificações e identidades possíveis. Esse imenso cenário teatral cujos bastidores ninguém controla, onde a palavra é de antemão performativa já que inverificável, autoriza todos os fantasmas e todas as libertações. Dando-se em uma forma de não lugar, esse cenário tudo abriga, nele convergem todas as ficções de si que o indivíduo hospeda. Fora das coerções da comunicação ordinária onde nos prestamos a papéis sociais bem-definidos, estáveis, fundados na confiança das informações dadas, e onde vivemos frente a frente com o outro, isto é, diante de seu rosto oferecendo o nosso ao reconhecimento, essas formas de presença imaterial, sem rosto, são lugares propícios à onipotência imaginativa (LE BRETON, 2006). Na rede é possível sermos quem quisermos, e inclusive multiplicar as figuras improváveis das diversas pessoas que poderíamos ser. O anonimato é obrigatório, e se o internauta não oferece indícios comprometedores, não se oferece mais sob a unidade de sua expressão social em um contexto particular, afastando-se, pois, de qualquer limite. A rede leva a uma "comunicação espectral" (GUILLAUME, 1989: 18s.). Mesmo que o jovem aparentemente esteja inteiramente presente na interação virtual ninguém sabe se ele não está simulando vários outros duplos de si ao mesmo tempo.

O virtual não é um nada, mas antes uma ausência ao mundo das relações sociais próximas em benefício das relações digitais, portanto, sem voz e sem rosto. Em *Second Life*, por exemplo, um indivíduo isolado em seu quarto pode nutrir uma viva discussão com um grupo composto por um engenheiro de Tóquio, um desempregado de Berlim, uma adolescente de Oslo e um técnico de Vancouver, mesmo ignorando o sexo, a idade e a profissão dos outros, e precisando ater-se ao que cada um afirma sobre si mesmo. Em contrapartida, ele negligencia as relações de seu mundo circunstante e, tranquilamente, se esquiva da obrigatoriedade de ter de assumir sua identidade social de filho ou filha, de aluno ou universitário, de companheiro, pai ou mãe. Ele provisoriamente se encontra alhures, imerso em um mundo onde já não precisa mais prestar contas de si, mas somente assumir a identidade que, com maior ou menor credibilidade, escolheu.

O mundo imaginário do adolescente está povoado de avatares interiores: personagens múltiplos e provisórios que ele constrói ou que fantasia em torno de sua pessoa, e que encontram nos bons e maus momentos a complacência dos avatares do mundo virtual que o concretizam ou lhe dão uma aparência de real, já que às vezes são vividos como um duplo de si. Endossando um personagem imaginário cuja criação lhe pertence, o jovem se desaloja de si mesmo, se afasta de sua identidade e de seu corpo para viver uma espécie de arrebatamento. Afetivamente mergulhado por inteiro em suas aventuras na *Second Life* ou em seu videojogo, ele desacopla todos os investimentos próprios à sua volta. Oferece apenas uma aparência de si aos que estão à sua volta, já que sua "verdadeira vida está alhures", provisoriamente voltada para o cenário virtual que oferece uma espécie de onipotência aos seus pensamentos. O avatar é um arrebatamento fora da banalidade cotidiana, uma evasão de si. Em *Second Life*, o internauta domina enfim o que se lhe escorrega por entre os dedos na vida real, ele se sente livre de seus movimentos, o corpo não lhe é mais um limite, tampouco o espaço ou o tempo. Ele pode viver incontáveis situações sem atropelos, sem qualquer choque ao voltar ao real de seu dia a dia. Ele pode fazer amigos, encontrar muitos interlocutores, fazer as compras desejadas, construir sua casa, moldar seus cômodos, decidir sobre os móveis, viver uma sexualidade sem limites sem incorrer no risco do olhar do outro, sem ter de abandonar seu quarto. A multiplicação dos avatares destrava os limites da identidade social, ela cria uma fuga miraculosa da subjetividade em uma série de personagens permitindo que o internauta continue sendo mestre de sua própria obra. E com a facilidade de desfazer-se deste "encargo" no instante em que ele decide dedicar-se a outra coisa. O avatar não tem engajamento nem responsabilidade, é simplesmente uma criatura do íntimo. Os universos virtuais autorizam seu uso para percorrer livremente um imenso vestiário, para vestir-se ao bel-prazer de ilimitados personagens, sem ter de prestar contas a ninguém.

As redes sociais ou os mundos virtuais, os videojogos, autorizam uma desmultiplicação de si através da supressão de um corpo sexualizado e irreconhecível, estrangeiro e cheio de ameaças para muitos adolescentes, mas também para muitos homens e mulheres que vivem em contradição com seu entorno. Em contrapartida, seus avatares vivem inúmeras situações que a vida real proibiria, coagindo-os a tirar a máscara e a assumir a própria identidade. Dissociados, mas inteiramente na emoção dos intercâmbios, esses indivíduos se esquivam da própria vida pessoal, menos prestigiosa, sem temer possíveis investidas contrárias ao retornarem ao vínculo social[6], já que seus correspondentes ignoram sua identidade real e vivem por uma espécie de procuração em seus avatares.

A relação com os mundos dos videojogos ou do virtual se faz sob a égide da imersão (COULOMBE, 2010: 38s.), isto é, através do desaparecimento da subjetividade da vida cotidiana em benefício de outro mundo cujos dados o usuário controla, mas com uma

---

6. Alguns adolescentes, em contrapartida, não medem os riscos que correm na rede ao revelar-se e ao fornecer seu número de telefone ou seus e-mails a desconhecidos, ou se expõem ao ciberassédio por terem sido excessivamente confiantes (COSLIN, 2012: 89s.). O desaparecimento de si na "infosfera" é então espreitado por um despertar brutal.

margem de incerteza que reativa permanentemente o júbilo de seu engajamento. O virtual exerce um efeito narcótico sobre o vínculo social fundado nos contatos; ele se afasta do corpo e de todas as responsabilidades ligadas a seu estatuto singular de pessoa, criando um mundo particular, com suas próprias regras. Daí esse transe, essa dissolução de si em um universo excessivamente investido que suprime provisoriamente o entorno social, que se desvincula de qualquer atenção e todo vínculo a este respeito. Aqui a pessoa se entrega de corpo e alma à sua atividade. E quando se é mestre de um mundo reduzido a uma extensão de si mesmo e modelado por um suporte técnico, voltar ao estatuto subalterno infligido pelo vínculo social nem sempre é gratificante. Daí a dificuldade de sair do arrebatamento do jogo ou a pressa de retornar o quanto antes a ele.

No ciberespaço o fato de não ter nem rosto nem corpo (a não ser recorrendo a uma web câmara) autoriza todas as permissões. Nele o indivíduo se torna quem ele quiser e por quanto tempo o desejar. É o que acontece com o jovem que dispõe de uma dezena de identidades virtuais a fim de fugir de sua existência real, e que afirma tranquilamente recusar-se a privilegiar sua identidade "com um corpo", que, aliás, lhe é insuportável. Neste sentido o ciberespaço favorece o "branco", mas com um retorno do internauta à vida real sem danos, exceto nas formas de ciberdependência. A frequentação da internet pode transformar-se em um longo transe no qual o adolescente faz abstração do mundo exterior, desliza para uma espécie de segundo estado que dissolve totalmente seu interesse pelos outros ou por qualquer outra atividade. Desencarnado, torna-se indiferente ao que se passa à sua volta, impermeável ao seu entorno. Excluído o monitor cujo controle ele exerce, o resto do mundo lhe parece insípido, vazio. Uma *Second Life* o absorve através de seus cenários próprios, transformando-se provisoriamente em um disfarce emprestado à sua roupagem íntima. Essas versões múltiplas de si são validadas pelos outros, com os quais ele jamais se encontra, mas que dão crédito às suas encenações, visto que participam das mesmas lógicas e contam com a mesma atitude receptiva. Essa imagística mental, esse teatro interior é um instrumento para o indivíduo se construir, para decidir sobre a pessoa que realmente é ao testar diferentes possibilidades até alcançar a que mais adequadamente o ajude a se desenvolver. Mas o jovem também pode se recusar a voltar à concretude das relações sociais e ser fisgado pelo virtual que o isenta do desafio do vínculo social.

Muitos internautas, e particularmente os adolescentes, concentram-se em seu avatar como um *alter ego* mais vivo do que eles, e experimentam através dele formas de sociabilidade, de sexualidade que na vida real ainda os assustam. O jovem, sobretudo, tem o sentimento de dominar a representação de seu personagem mais do que a que fisicamente ele oferece aos outros e com a qual não se sente à vontade. Nesse sentido, o avatar é uma faca de dois gumes: para uns ele é o lugar de experimentação, de descoberta, um simples instrumento de diversão, mas para outros é um refúgio, um fechar-se em si mesmo por medo dos desafios do mundo circunstante. O investimento no avatar leva a ocultar uma vida pessoal insatisfatória. O eu projetado no avatar tapa então uma brecha do eu encarnado. Mas essa posição confortável induz alguns a encontrar enfim um sentido para a própria existência e a não mais sair do mundo virtual que os afasta do olhar dos outros, de suas insuficiências presumidas. *"Na rede sou enfim o que sou. Meu corpo já não tem mais importância. Torno-me finalmente eu. Ninguém me julga. Consigo fazer quase tudo"* (Jérôme, 15 anos).

Alguns se agarram assim ao jogo do imaginário e deixam de investir em seu engajamento na vida pessoal, familiar e escolar, se fecham em seu quarto do qual raramente saem, e só virtualmente mantêm relações sociais. Mergulham na ausência; mas, para eles, ela é efervescente e apaixonante. São incapazes de tirar os olhos do espelho em que não cessam de sondar o próprio desaparecimento.

Para a maioria dos internautas, a dissociação é um dado banal do cotidiano, sobretudo para os adolescentes, já que tecnicamente ela lhes é facilmente acessível. Os fones de ouvido os desconectam do entorno, mergulhando-os em um universo interior. Da mesma forma o *notebook*, incansavelmente acessado ao longo do dia, que permite estar ao mesmo tempo aqui e alhures ou aproveitar das circunstâncias da vida familiar sem submeter-se a ela, ou os videojogos que oferecem um meio de transpor as barreiras do vínculo social para estar alhures, sem as coerções da necessária presença a ser assumida diante dos outros. Mas, não obstante tudo, esses meios satisfazem um mínimo social de engajamento que tranquiliza os pais ou os próximos desses internautas.

Hikikomori

Diferentemente das gerações anteriores à década de 1970, a juventude japonesa cresce em condições socialmente favoráveis: um sacrifício desmedido não lhe é mais necessário já que ela não precisa mais lutar para sobreviver ou reconstruir o país depois do desastre da Segunda Guerra Mundial e atualmente se beneficia de condições de existência confortáveis. Em contrapartida, esses jovens são submetidos a uma competição intensa e às vezes sofrem para acompanhar a corrida interminável rumo ao sucesso. O colégio ou o liceu são hoje lugares de experimentação da pessoa. Os alunos são incentivados a "lutar por seu futuro", a "serem os melhores", e, para "ter sucesso" na vida, devem primeiro vencer a batalha na escola. Cada aluno é assim mantido em mobilização permanente para satisfazer as expectativas. Essa responsabilidade começa muito cedo e se prolonga eternamente, mas os anos que marcam a passagem da infância para a idade adulta são particularmente marcados pela competição para não serem ultrapassados pelos outros. A escola não é mais um abrigo protegido dos valores da sociedade liberal. No Japão, sobretudo, desde os anos de 1970, com o enriquecimento do país, a escola é objeto de forte investimento de alunos e pais. Além dos cursos e da preparação intensiva para os exames de toda espécie, muitos alunos frequentam cursos privados para situar-se em um nível mais elevado. O sucesso escolar é primordial para gozar de um bom *status* social. As escolas japonesas são classificadas segundo uma hierarquia de excelência em função de seus resultados. Avaliados em escala nacional, os alunos só podem candidatar-se a entrar em um bom estabelecimento de ensino se seu nível o autoriza.

Um psiquiatra japonês formou sobre o modelo do termo *harôshi* (morte súbita por esgotamento) o termo *karôji, ji*, que significa criança: "Trata-se de iniciar a criança na arte de matar-se de tanto estudar, a fim de que, chegado o momento, continue a matar-se no trabalho" (JOLIVET, 2002: 43). Já no final dos anos de 1970, designava-se sob o nome "juventude suspensa" (*moratorium ningen*) jovens que se incrustavam no seio familiar e em seus estudos para protelar sua entrada no mundo do trabalho (BARRAL, 1999: 36). Mergulhado nesta tensão sem fim, um jovem afirma ter desmoronado e sentir-se tão "insensível quanto uma boneca de cera". E continua: "Era como se tivesse sido bruscamente aniquilado. Tinha a impressão de que alguma coisa em mim tinha sido completamente consumida. Era como se me tivesse esvaziado de toda minha essência" (in: JOLIVET, 2002: 49). A saturação dos cursos, dos exercícios físicos, da falta de sono ou de descanso, às vezes as violências exercidas contra alguns alunos por outros, levam igualmente inúmeros alunos à apatia, ao *tôkô hyohi* (síndrome de aversão à escola). A referência ao grupo é uma necessidade para um japonês que existe primeiramente através de uma trama relacional própria a seu meio familiar ou profissional. A própria língua japonesa modula a formulação do "eu" segundo a qualidade do interlocutor. O indivíduo é imerso no grupo e a ele se conjuga naturalmente. Um psiquiatra japonês explica que os transtornos mais corriqueiros de seus pacientes dependem da propensão a ocultar totalmente a própria singularidade com os outros ou, ao inverso, de tentar diferenciar-se radicalmente (BARRAL, 1999: 181).

Uma vez na universidade, após uma competição obstinada, assegurados por um emprego e protegidos, alguns universitários se deixam levar pelos acontecimentos. Não estão mais em situação de dívida, mas imersos nessa afetividade que os japoneses denominam *amae* (DOI, 1988), em que a pessoa se abandona a uma dependência tranquila e calma, entregando-se aos cuidados do outro sem nada oferecer em troca. E se a maioria continua a esforçar-se para continuar seus estudos ou sua interação profissional, outros cedem a uma espécie de indiferença que os leva a não mais frequentar os cursos ou somente de maneira episódica. O transtorno é conhecido no Japão como "o mal do mês de maio" (JOLIVET, 2010: 23), já que de fato ele começa nas primeiras semanas de curso após a volta às aulas em meados de abril. C. Jolivet (2010: 100) sublinha a importância numérica desses adolescentes ou desses jovens adultos que seriam hoje uns cinco milhões, às vezes denominados nos Estados Unidos de *neet* (*non currently engaged in employment, education or training*), ou no Japão de *nîto* [no Brasil seriam os nem... nem... = nem estudam, nem trabalham...] Eles não vão mais à escola, estão sem trabalho e sem perspectiva.

Mesmo após os estudos, após se terem desgastado para serem bem-sucedidos, alguns entram no mundo do trabalho, mas rapidamente renunciam ao próprio engajamento a fim de viver uma suspensão social, assumindo às vezes alguns biscates e se contentando com pouco, como muitos personagens dos romances ou novelas de Haruki Murakami, cujas personalidades parecem às vezes inconstantes, irresolutas, fragmentadas, com uma vontade que não ultrapassa o instante presente e pouco preocupadas em projetar-se para frente apesar das demandas de seu entorno e às vezes sentido-se fartas de tudo.

No Japão, sobretudo, há adolescentes e jovens adultos que decidem se desligar do mundo. Rejeitando qualquer contato com o exterior, eles se colocam fora do circuito e se fecham em um quarto na casa dos pais ou em seus apartamentos. Eles se afastam das turbulências do mundo, rejeitam a preocupação com as *performances* escolares, com o engajamento no trabalho, e até mesmo com as necessidades elementares da vida social. Escolhem uma espécie de autismo se isolando em um universo interior, sem relações sociais, a não ser pelos meios eletrônicos. Parecem ter o sentimento de terem dado tudo de si, de terem dissipado toda a energia e se esvaziado da própria essência de si. Permanecer disponíveis aos outros, sair de casa para realizar as tarefas necessárias a uma existência no seio do vínculo social exige uma tensão da qual estes indivíduos não se sentem mais capazes. Os acontecimentos à sua volta não exercem mais nenhum efeito sobre eles, sua família lhes é indiferente, mesmo se às vezes percebem o sofrimento de seus familiares. Estão fora do fluxo das informações que abalam o mundo que ultrapassa o microcosmo pessoal. Muitas vezes os próprios pais nem conseguem entrar no quarto do filho ou da filha, tendo de deixar, por exemplo, a comida à porta. Os períodos dessa retirada do mundo podem ser mais ou menos longos. Uns 250 mil jovens fariam parte destas estatísticas, em sua grande maioria rapazes. Mas essa retirada do vínculo social e esse isolamento não se limitam ao Japão, outros países passam pelo mesmo fenômeno.

Esses adolescentes e jovens passam o dia diante da televisão ou de jogos de computador se escondendo do resto do mundo. Dormem muito, alimentam uma vida sedentária e centrada sobre si mesmos através do filtro do computador. Dialogam longamente com outros cujo rosto desconhecem, já que recusam o face a face em razão do risco do próprio encontro. Seu corpo só existe à revelia. Vivem como monges, mas cercados pelas tecnologias mais avançadas de hoje. Às vezes, após anos em uma espécie de eremitério interior, voltam ao convívio social e se esforçam para recuperar sua defasagem escolar ou encontrar um trabalho. Nesse caso, o "branco" foi apenas uma pausa para se reencontrar.

De forma diferente, os *otakus* são jovens à sombra do mundo e fechados em sua própria redoma. Eles têm dificuldade de comunicar-se com os outros, não se reconhecem em sua sociedade e se fecham no quarto para consagrar-se à paixão pelas figurinhas, pelos brinquedos, pelos computadores, pelos videojogos, pelos *mangás,* ou por outros objetos que mobilizam uma parte essencial de sua relação com o mundo, o resto sendo meramente assessório. Eles sabem que essas são ocupações que os outros julgam pueris e insignificantes, mas somente elas lhes proporcionam uma intensidade de ser. Na língua japonesa, *otaku* tem duas significações misturadas: a ideia de estar em casa e a referência a um tratamento impessoal (*vós*) que deixa os outros a distância (BARRAL, 1999: 26). Os *otakus* demonstram um desaparecimento controlado de si: não rejeitam totalmente o mundo, apenas traçam nele uma via pessoal à margem dos valores comuns. Apesar disso, eles continuam sendo reconhecidos por minúsculos grupos que aderem à mesma paixão, embora não deixem de ser rejeitados por seu entorno imediato ou percebidos como defasados, derrisórios. Seu investimento recai sobre objetos socialmente considerados frívolos e indignos de um interesse tão exclusivo. Eremitas urbanos, eles encarnam os sintomas da rigidez do sistema escolar da sociedade japonesa concebido pelo conjunto da juventude como desprovido de preocupação com as particularidades individuais. E. Barral conta a história de Hiroki, 35 anos, diplomado na Faculdade de Medicina de Tóquio, mas que passa grande parte de seus dias construindo maquetes de aviões e de submarinos. Ele confessa tranquilamente ser uma pessoa insignificante para a sociedade japonesa, desprovida de "carta de apresentação", tampouco de "cartão de crédito". Criança ainda, ele foi pressionado ao sucesso por sua mãe que queria vê-lo médico. Passou toda a sua escolaridade se preparando exaustivamente para os exames, decorando os conteúdos, fazendo cursos complementares, sem jamais ter tido tempo para si mesmo. Enfim, superados todos os exames e provas, formou-se em Medicina; entretanto, ao invés de exercer a profissão como os demais colegas, ganhando assim mais confortavelmente a vida, decidiu romper radicalmente com sua história. Não teve nem infância nem adolescência, todo o tempo que dispunha era dedicado à busca do sucesso escolar. Agora, tornado homem maduro, repentinamente descobre os jogos que outrora apenas via de relance, e experimenta uma iluminação fascinante diante dos modelos reduzidos dos quais foi desmamado ainda na infância. A eles agora se entrega com enorme satisfação (BARRAL, 1999: 41s.).

O desaparecimento no outro

Outro exemplo de desaparecimento tem a ver com a adesão a uma seita ou a um fundamentalismo religioso. Em nossas sociedades, o crer se individualiza. O "saltar de galho em galho" é praxe no interior do vasto supermercado das ofertas espirituais, frequentemente com uma roupagem *new age*. O jovem em busca de significação para sua existência encontra ali uma resposta momentânea, às vezes até mesmo duradoura. A adesão é um livrar-se das coerções de identidade, um refugiar-se no outro. A seita (ou, em outro registro, um grupo fundamentalista) se desliga do mundo, instaura uma dimensão própria de transcendência autoproclamada a fim de distanciar-se geográfica ou simbolicamente de uma humanidade impura, ímpia ou inconsciente de si mesma. Com suas certezas tranquilas erigidas em verdades intangíveis e com sua rígida hierarquia ela elimina a infinita complexidade do mundo. Ela se quer totalizante, senão totalitária nos fatos. Ela exaustivamente simplifica o mundo ao redor de algumas verdades elementares e modalidades específicas de funcionamento. E oferece enfim uma orientação.

A adesão do jovem frequentemente ocorre a partir de um conflito com a família e de uma vontade de afastar-se dela para encontrar alhures um lugar de apaziguamento. Os períodos de crise, de fracasso amoroso, de insucesso escolar ou universitário, de desemprego, de separação, ou a dificuldade de encontrar um valor para a própria existência, também são propícios a um "deixar-se levar" provisório. Mas o jovem só decide os primeiros passos, já que em seguida a situação frequentemente lhe foge. Os adeptos das seitas, ou dos grupos fundamentalistas, geralmente têm entre 18 e 25 anos, se sentem mal na sociedade tendendo a responsabilizá-la por suas dificuldades particulares (ABGRALL, 1996: 18). Esses grupos fechados em si mesmos se aproveitam das falhas, das feridas morais do jovem. As técnicas de recrutamento miram justamente no desespero, no sentimento de insignificância, na dessocialização; e, para os grupos voltados para o terrorismo, o ressentimento, a raiva do outro origina todos os males. Essas seitas ou grupos sabem atiçar o sofrimento para propor um bálsamo deixando o adepto a entender que enfim é compreendido e acolhido de braços abertos.

A adesão inicial repousa sobre uma decisão própria do jovem, mesmo se esta depende de uma escolha de servilismo voluntário.

Ele retira dessa decisão um sentimento íntimo de força, subsume sua fragilidade na potência real ou fantasmagórica de seu grupo de eleição ou na convicção de que Deus lhe dita sua conduta. Ele não era nada, mas de repente se vê transformado em um elo da imensa corrente dos eleitos. Uma engrenagem de pequenos engajamentos impede qualquer desistência: doações em dinheiro, em bens, vigilância dos outros, propaganda, trabalho, serviços sexuais ao guru e aos seus, e eis o adepto sujeitado à corveia ou transformado em agente de recrutamento do grupo para aumentar os recursos econômicos. Graças à sua perseverança, ele conserva a esperança de pouco a pouco aproximar-se da verdade, ou dos que a encarnam. Abandonando sua identidade, ele participa de uma aventura grandiosa que sublima sua pessoa, mergulha em um mundo de evidência luminosa com a convicção de que os outros, exteriores à seita ou "descrentes", são inaptos a compreender. Todo seu universo mental se orienta em base às representações e aos valores de seu grupo.

A adesão repousa sobre a convicção tranquila da pertinência das ideias propostas, sobre a sedução operada por outro recruta através de um discurso promissor que descreve com exaltação a existência comum, ou o acesso iminente ao paraíso após uma ação mirabolante. Essa adesão oferece uma resposta às feridas pessoais, um engodo que apazigua momentaneamente a busca de apoio e certeza para poder viver. O adepto rompe assim com o sentimento de que sua existência é derrisória, sem objetivo. Na seita ele encontra uma filiação, um estatuto, se sente enfim uma pessoa de valor. Por longo tempo ele pode experimentar a paz e o reconhecimento. A adesão também lhe oferece um limite tranquilizante, um ambiente para descobrir suas características, uma ideologia para forjar-se um lugar no mundo, e para experimentar enfim um alargamento do sentimento de existir. Estancamento de um sentimento depressivo invasor, a seita oferece, no primeiro momento, repostas simples e firmes às grandes questões da existência, justamente lá onde nossas sociedades perderam uma parte daquela orientação antropológica que abandona o indivíduo a uma liberdade sem limites, mas difícil de assumir.

É difícil voltar à vida corriqueira e aos engajamentos cotidianos, seja porque o adepto perde sua soberania pessoal ou uma parte de sua capacidade de julgamento, seja porque se descobre simbolicamente ou realmente aprisionado e sem possibilidade de retorno. Os membros de uma seita e o espaço por ela ocupado formam uma espécie de útero que nutre e protege seus filhos das agressões do mundo exterior. Hermeticamente fechada, a seita rejeita qualquer outro modo de existência. Seus líderes organizam uma vigilância meticulosa, avaliam o entusiasmo e o grau de implicação dos recrutas em atividades diversas. Pressões se exercem sobre os que dão passos em falso ou gostariam de recuperar sua independência. O termo *seita* vem do latim, *secta*, e significa originalmente "diretiva". Através de um fundamentalismo que envolve a relação com o mundo, a seita propõe uma via de salvação pela revogação do social e por uma fidelidade espiritual organizada ao redor da palavra exclusiva de um mestre que permanentemente oferece ao adepto um quadro simbólico. Uma série de técnicas experimentadas contribui para podar qualquer resistência e corroer a personalidade dos adeptos. O emprego do tempo de algumas seitas impõe a seus adeptos condições extenuantes, por exemplo, privando-os do sono ou da alimentação, colocando-os em quarentena, controlando totalmente o uso de seu tempo, a fim de prodigalizar os meios de uma sujeição sem objeção.

A adesão a uma seita ou a um movimento fundamentalista religioso é uma espécie de vertigem ao longo da qual o sujeito abandona qualquer consciência de si, deixando-se levar pelos outros. Ele apenas controla os primeiros passos de sua adesão, já que, logo em seguida, tirando férias de si, ele se abandona completamente às orientações de seus mestres espirituais. Dessa forma consegue minimizar seu raciocínio, se inscreve no movimento, obedece às ordens, conforma seus comportamentos aos dos outros, suprime totalmente sua individualidade. A rejeição à antiga identidade é o preço de sua segurança interior. Ela alimenta a transcendência do mestre, ou dos porta-vozes de Deus, ou da vingança divina autoproclamada. Assim o jovem renuncia à preocupação de ser ele mesmo para seguir um manual de instruções preestabelecido: alinhar-se às orientações incontestáveis e aos valores radicais simples e rígidos a fim de não ter mais de se confrontar com as ambivalências do mundo. A partir de então ele passa a receber permanentemente as respostas esperadas. Aos seus olhos, o mestre encarna uma verdade intangível. Ele preenche uma representação global do mundo que alimenta uma prótese da identidade facilmente endossável e poupa da fadiga de existir e de pensar seu lugar no mundo (LE BRETON, 2007). Ele impõe um corte radical com o entorno exterior identificado como lugar do mal, da perdição, da descrença.

O adepto se demite das responsabilidades inerentes à sua identidade, fundindo-se com o grupo. A seita é um lugar em que o indivíduo desaparece na indiferenciação de seus membros. Ela exerce uma autoridade absoluta sobre os feitos e gestos das pessoas em termos de sexualidade, de trabalho, de saídas, de entretenimento, de vida, ou, no caso dos fundamentalismos religiosos, de morte. Nada foge ao seu controle. Ela libera do fardo do eu, dispensa da preocupação do exercício da vida do indivíduo impondo-lhe uma rígida ocupação do tempo. Aliás, frequentemente a entronização em uma seita vai de par com a troca de nome do adepto. Sua identidade é radicalmente redefinida. Ao término de uma série de provas ou etapas assemelhadas a um percurso de renascimento, às vezes o adepto veste roupas ou símbolos próprios ao grupo que o despersonalizam e o desligam de sua história. Ele deixa sua antiga identidade à margem do espetáculo regido pelo grupo. A adesão é um renascimento ao "branco". O engajamento no fundamentalismo religioso às vezes é sinônimo de sacrifício da própria vida em um atentado. Essa mudança radical de personalidade se traduz na palavra dos familiares, se eles ainda têm a possibilidade de ver o jovem, pela expressão "lavagem cerebral".

O longo transe anoréxico

A anorexia, dentre suas múltiplas significações, carrega consigo a do desaparecimento de si no nada, a de uma busca infinita de magreza associada à pureza, a de uma vontade de fugir do próprio corpo tornando-o diáfano e a de um abandono do vínculo social tornando-se invisível. "Eu estava persuadida de que tudo se arranjaria se me tornasse tão leve quanto uma borboleta", diz M. Marzano (2012: 89). A anorexia é uma luta feroz contra a sexualização que arranca o indivíduo do neutro e o coage a tornar-se homem ou mulher. Tentativa de parar o tempo do corpo, vontade de "des-nascer". A menina luta contra a mulher que nela cresce e a reduz ao seu corpo. O menino se crispa contra a irrupção de um corpo de homem não desejado. Uma e outro veem o próprio corpo como diferente deles, como uma prisão da qual tentam se evadir. Na menina, essas privações culminam no desaparecimento simbólico de suas regras, e frequentemente ela completa seu combate contra o corpo entalhando-o (LE BRETON, 2007). Ela se fortalece interiormente para dominar seus apetites (em todos os sentidos do termo), para inverter outros que, segundo ela[7], custam a submeter-se. Ela se focaliza

---

7. Em relação ao número de meninos atingidos por esse transtorno alimentar, empregarei aqui o feminino, mas as análises valem para os meninos *cum grano salis*.

simbolicamente na fome se recusando a aceitar que ela lhe dite sua conduta. Busca controlá-la e torná-la uma matriz permanente de sensações, estritamente centrada em si. Única solução para, nesse exato instante de sua história, colocar ordem em uma existência que lhe foge. "Quanto menos me alimento, mais me evado", diz S. MacLeod (1982: 87). A relação com a comida se transforma em desafio identitário. Ela é um pêndulo da existência, uma maneira de forçar os limites para saber quem somos, para experimentar outras maneiras de ser, e, além disso, sendo uma maneira de acertar as contas com a mãe adotiva, ela se constrói em uma trama de emoções, de ternura ou sobre sua ausência. O apetite está sempre engajado em uma qualidade de prazer de viver que comanda o sabor do alimento (LE BRETON, 2007).

A pessoa anoréxica é descrita por seu entorno familiar como tendo sido uma criança modelo, obediente, precocemente dotada em múltiplos domínios. De fato, ela levou uma vida sem profundidade, compatível com as expectativas de seu entorno. Não obstante seus talentos, seus sucessos escolares ou desportivos, ela sempre se sentiu insatisfeita, ausente, indigna desses elogios e sempre ansiosa quanto ao que os outros pensavam dela. Mesmo não se reconhecendo totalmente nessa imagem de criança sem importância particular, longamente ela se escondeu por detrás da máscara dessa conformidade tranquilizadora. A puberdade, com o trabalho de subjetivação que ela implica, mas também de efração de um outro em si, põe fim às suas antigas formas de adaptação e a coage a um questionamento radical. Simultaneamente, ela nem sabe que por longo tempo se escondeu sob um simulacro sem se sentir implicada pelos acontecimentos. E jamais teve a chance de saber quem ela era fora dessa influência. Inexistente por si mesma, sobre seu desejo, agarrou-se à fome.

Tentativa de cortar o vínculo de dependência e de reatar com o desejo em "nada" comendo (RAIMBAULT & ELIACHEFF, 1989: 47). *"Nada mais possuo, diz uma delas, apenas isso, e ninguém pode tirá-lo de mim".* Através da estreita porta do desejo extraído da necessidade reside a possibilidade de acesso a algo de si. "Eu não tinha nada, não era nada. Mais concretamente: ofereciam-me o que eu não desejava (o que significava nada me oferecer) e me assumiam por aquilo que eu não era (o que significava assumir-me como um nada, uma nulidade). Minha única arma nessa busca de autonomia era a greve. Parar o trabalho, no sentido literal do termo, teria sido irrealizável e teria destruído um pouco do meu amor-próprio, pois sem o trabalho (escolar) eu teria tido e sido menos do que estimava ter e ser" (MacLEOD, 1982: 80). A pessoa anoréxica não se sente no mundo. Fora dela mesma, ela não se reconhece naquilo que é. Embora denuncie o universo do "dever" no qual ela cresceu, sua relação com o mundo continua puritana, desativada. Ela não detecta nada de propício à sua volta. Simplesmente mergulha em um mundo que não deve nada aos outros, em um refúgio propiciado pelas estimulações e pelas sensações da fome. Cria um mundo para si. Opõe sua experiência corporal às suas dificuldades identitárias.

Na denegação de seu estado, a anoréxica afirma sentir-se bem. Contra a sua vontade, seus pais a levam a consultas médicas, chocados por não reconhecerem mais a própria filha, e por se verem confrontados com intermináveis tensões. O prazer de viver nunca regeu os membros de sua família, e disso ela conclui que o mundo é vazio e habitado por sombras conformistas e insignificantes. Ela se apropria de uma oposição radical à vacuidade que a cerca, e compara de bom grado seus cuidadores a guardiães de uma ordem estabelecida que não tolera a menor das diferenças. Ela se sente alhures, lúcida, levada por uma aventura pessoal de libertação e de purificação perante a ignorância dos outros. "Não, eles não me terão! Quero que me esqueçam, que me deixem morrer nessa carcaça, que me ignorem e não me torturem mais com essas bandejas e essas ameaças. Não exijo nada [...]. Que crime cometi? Matei, roubei? Não, fiz uma escolha. Ela não lhes diz respeito" (VALÈRE, 1978: 8-9).

A anoréxica vive controlando. Ela se esforça para estabelecer uma soberania pessoal sobre as necessidades biológicas que os outros lhe impõem. Através de um regime alimentar infinitamente reduzido, podendo levá-la à morte, ela controla sua fome como controla sua vida. Em profunda ambivalência, simultaneamente ela vive a vertigem de sua carência de ser e sua fome e o sentimento de ter enfim seu destino nas próprias mãos. Ela se sente dilacerada pela distância entre a própria fragilidade e impotência de mudar o quer que seja em sua existência e a embriaguez de dominar sua fome e ditar sua conduta ao próprio corpo. Mas sua ambivalência se traduz também pelo júbilo sentido pelas carências que se inflige. Alguns clínicos falam em "orgasmo da fome" (KESTEMBERG, 1972). O clínico H. Bruch, o confirma: "A fome tem um efeito semelhante ao de uma droga, e você se sente fora de seu corpo. Realmente fora de si mesmo, em um estado de consciência diferente, podendo sofrer sem reagir [...]. Quando prolongar tal processo se torna um prazer, algo diferente acontece. Você se sente bêbado, exatamente, penso eu, igual ao que acontece com a ingestão de álcool" (BRUCH, 1979: 3, 95). Acentuada frequentemente por exercícios físicos intensos, a pessoa anoréxica passa por um longo transe diluído ao longo do dia, um êxtase da fome. Sua recusa em satisfazê-la faz durar a tensão e lhe dá a sensação de existir. No limite da ausência, ela toca um limiar tangível de sua existência. Controlando seu corpo, ela controla uma existência que lhe foge. Assim, a comida se transforma em objeto transitório ambíguo (LE BRETON, 2003, 2007). Cada vez que a anoréxica repele sua fome, que desdenha um bocado de comida, ela marca uma vitória sobre si mesma e se fortifica em sua luta. Com isso se valoriza em sua luta em não colaborar, fracassando os esforços de seus próximos ou dos médicos que lutam para alimentá-la. O controle sobre si implica não somente a tensão da recusa diante da fome, mas também o fato de provocar o vômito, de usar laxantes ou diuréticos para potencializar ainda mais o intento anoréxico.

A anoréxica experimenta o vazio, a insignificância do mundo, e conjura seu horror por uma série de ações físicas e intelectuais. Sua hiperatividade é uma tentativa de reencantar a própria existência, de viver momentos fortes, íntimos, quando consegue levar a bom termo os desafios com os quais preenche suas jornadas. A multiplicação de exercícios físicos, tais como correr, nadar, caminhar, se desgastar etc. é um ato audacioso em favor dessa vontade de não deixar nada ao acaso biológico. A busca de limites é levada ao seu auge. Ela é perseguida pela perfeição física e intelectual, encontrando nisso uma fonte de prazer. Seu corpo é uma fronteira rígida que se opõe à incerteza do mundo. As sensações de fome, de fadiga, os esforços etc. são obstinações físicas para sentir-se constante em sua vontade própria, mesmo na impossibilidade de sê-lo em toda a sua evidência. Através da multiplicação dos esforços físicos que se impõe, da sensação da fome sempre combatida, da atenção voltada para suas sensações, seu peso, seu regime, seus eventuais esforços para vomitar, ela manifesta a preocupação de sentir-se permanentemente real apoiando-se nas sensações. Viva, obviamente, mas afastada dos outros, em busca da invisibilidade.

A anorexia é uma disciplina de vida, um ascetismo a todo instante, um combate sem trégua contra si e contra os outros a fim de robustecer a fortaleza interior. A pessoa anoréxica se esforça para impor a ferro e fogo os limites físicos ao corpo. Vontade de dar feição à própria existência perdendo toda carne, finalmente libertada de toda lealdade ao ventre materno e ao vínculo social. A pessoa anoréxica jamais é suficientemente magra para cessar de procurar nela um ínfimo traço da própria mãe. Ela segue uma disciplina radical para conquistar um corpo estritamente seu e para si e por seus próprios méritos através de uma lógica de autogeração. Ela pretende nascer por conta própria, e seu corpo é uma retratação que ela busca contornar. A comida é o Cavalo de Troia do ventre materno, daí a dificuldade de ingeri-la.

A anorexia é uma forma de calvário inscrito no longo prazo. A adolescente mantém a morte em suspenso, ela a controla colocando incessantemente sua existência na balança, indo às últimas consequências ao aceitar a regra do jogo, ou seja, eventualmente pagando com a própria vida a busca de legitimidade de sua existência. A busca de ser anoréxica não comporta uma intenção de morrer, ela é uma espécie de jogo de morte diluído no tempo por abstenção, ausência, "branco". Essa maneira de desafiar a morte não é exclusiva ao sentimento de ser imortal e de sempre poder permanecer no limite mantendo-se vivo. Se a morte pode estar no fim do túnel (ela atinge em torno de 10% das anoréxicas), não se trata absolutamente de uma vontade de morrer: a anoréxica vive denegando a gravidade de seu estado. Ela recusa os tratamentos e se insurge contra médicos ou terapeutas que buscam levá-la a mudar de atitude para com o mundo. Ela se interroga sobre as finalidades de sua existência e levanta a questão de sua identidade social de mulher com uma acuidade que pode levá-la à morte.

Se a anorexia é um sinal de sofrimento, ela também aponta para uma forma de resistência oculta (como os arranhões, as pequenas incisões, ou a obesidade) contrária a um modelo restritivo do feminino. S. MacLeod falava em sua época de uma "greve" contra a atitude de seus pais. Hoje a anorexia evoca sempre mais uma crítica, através do corpo, de um modelo social que constrange o feminino, mesmo que ela também seja consequência das dificuldades relacionais ligadas à família. Ela é a concretização de uma ironia cruel contrária aos discursos sobre a magreza. Ela eleva sua lógica ao extremo denunciando através do corpo o sofrimento imposto pelas representações. Obviamente, essa resistência não é totalmente lúcida; outros motivos entram em questão (BRUCH, 1979).

Como uma artista de *body art*, a anoréxica questiona as representações sociais causadoras de sofrimento aos adolescentes que não se reconhecem nesse modelo de sedução, ou que a ele se submetem através de muitas privações. A anoréxica gostaria de agir com um terceiro sexo, ou melhor, com um sexo que lhe seria próprio e que a manteria fora de qualquer sexualização na busca apaixonada de autonomia e de denegação do vínculo social. "Não quero mais ser uma mulher, pois quero ser eu mesma, diz ainda S. MacLeod. Afirmação ilógica, mas eu refutei a lógica tornando-me anoréxica [...]. Quanto mais se definiam os contornos de meu corpo, tanto mais sentia emergir meu verdadeiro Eu, da mesma forma que o nu do escultor paulatinamente surge talhado de um bloco de pedra informe" (1982: 97). Nesse sentido, o alcance contemporâneo da anorexia participa de uma perspectiva pós-moderna através da preocupação de moldar o corpo pela própria pessoa, corpo único, fora de qualquer convenção, em nada devedor à técnica e cuja modelagem seria estritamente devida a uma vontade tenaz, a uma espiritualidade íntima isenta de qualquer ajuda externa (LE BRETON, 2012).

Como outros comportamentos de risco, a anorexia é uma estratégia inconsciente de existir não obstante as circunstâncias (LE BRETON, 2007). Ela cessa quando o sabor do mundo e o prazer de existir são finalmente encontrados. Mas a pessoa anoréxica provisoriamente se recusa a colaborar com o mundo circunstante, quer desaparecer, mesmo que os outros à sua volta não meçam esforços para trazê-la de volta às exigências de sua identidade e ao vínculo social.

A perda de consciência como busca de coma

A alcoolização em nossas sociedades era mais uma busca de embriaguez, de euforia, de leveza, e participava dos ritos de virilidade para os grupos masculinos para os quais o fato de "suportar" o álcool valia como uma prova de existência (LE BRETON, 2007). As mulheres eram excluídas. A alcoolização feminina ainda era rara ou dissimulada e associada a uma imagem negativa. Obviamente, esse tipo de alcoolização permanece, e inclusive se acentua. Ele testemunha a busca de um desaparecimento mais brando, provisório, um pouco eufórico, no qual uma consciência relativa permanece, mas fora das exigências da vida cotidiana, onde a mente flutua, aliviada, e as preocupações são esquecidas. Em um ambiente festivo, a alcoolização desinibe e libera mais os comportamentos desvinculando-os do olhar dos outros, relaxando as pressões morais interiores, mesmo ao preço de uma possível ressaca no dia seguinte. A embriaguez é uma forma mais leve de desaparecer de si, emprestando por algumas horas uma máscara a fim de aliviar as pressões interiores ou para esquecer o peso das preocupações. A alcoolização é um antidepressivo não de conotação clínica, mas investido de uma aura mais simbólica, é uma espécie de vestígio de um tempo em que beber um trago ainda tinha lá suas virtudes. A alcoolização é, com frequência, um instrumento amortecedor da depressão (MARTY, 2007: 59s.). Apazigua a angústia, apagando a consciência e tornando mais difícil um pensamento constante. O consumo de álcool oscila entre a busca de leveza e a busca de um anestésico. Nos últimos anos, as modalidades de alcoolização entre os jovens se transformaram. Sem dúvida eles bebem menos, mas frequentemente com mais intensidade. Embora relativamente abstinentes na maior parte do tempo, nas festas de finais de semana eles bebem muito mais.

As bebedeiras geralmente ocorrem em grupos. Nesses ambientes, a dimensão desinibidora do álcool é potencializada ao máximo, podendo apagar o fardo do indivíduo ter de ser ele mesmo. A dissociação ligada à ebriedade leva a "delirar" e a intermináveis crises de riso, induz a uma espécie de transe alegre à beira de um coma que outros, em contrapartida, deliberadamente buscam. Comportamento regressivo e de relaxamento de todas as exigências habituais de conduta, mas entre pares, e culminando em competições que levam à embriaguez (DELAIGUE, 2007).

Algumas grandes cidades conhecem reuniões de jovens que se reúnem para beber à saciedade, em vias rebatizadas de "rua da sede", como, no caso da França, em Rennes, Brest, Mulhouse, e em muitas outras cidades em outros países. Da mesma forma, a tonalidade das festas juvenis sofreu uma transformação nas últimas duas décadas. M. Dagnaud resume seus traços para uma maioria de jovens, mesmo se outros modelos existem: "Os passeios noturnos não são mais focalizados no flerte, na busca de um parceiro amoroso: eles são centrados no passeio compartilhado entre companheiros e sensações desmedidas (bebedeira, delírio, velocidade maluca nas estradas). Por outro lado, a música, longe de ser ouvida como árias reconhecidas e que se entoam, se apresenta como um *continuum* ensurdecedor em que a pessoa dança sozinha, autista, o corpo transcendido por uma fuga inextinguível, ao lado das outras. As emoções da emancipação amorosa ou sexual foram substituídas pela exacerbação dos sentidos através de um arsenal de adjuvantes" (DAGNAUD, 2008: 49). O álcool é consumido desmedidamente como uma componente essencial da festa. Relatando sua última noitada, 62% dos jovens pesquisados dizem ter tomado ao menos oito copos de bebida alcoólica. Alguns dizem ter ingerido dois litros de bebida destilada no último final de semana (DAGNAUD, 2008: 57). "As melhores noitadas, diz um deles, são as que não nos lembramos mais de nada, nem de nosso estado, nem de como dirigimos" (in: DAGNAUD, 2008, 101). O desaparecimento radical de si é visto como modelo de excelência: desfazer-se da própria pessoa e não ter mais nenhuma lembrança do que se fez ao longo desse tempo.

Esses comportamentos "chapados" não atingem somente os jovens cujo sofrimento se inscreve nas relações familiares e sociais dolorosas, eles se encontram também entre colegiais, universitários, estudantes das Grandes Escolas[8], sempre tendo de representar seu saber e seu *status* privilegiado, mas em detrimento de seus afetos e no dever de sempre estar à altura das exigências (DELAIGUE, 2007). Trata-se de encher-se apaixonadamente de nada para não encarar a realidade, de livrar-se momentaneamente dos limites corporais, de não mais ter de responder ao próximo sucesso nos concursos ou nos exames, de não pensar mais em nada, de não "esquentar a cabeça". Uma inteligência demasiadamente exposta demanda um momento de "trégua". As noitadas das Grandes Escolas são uma possibilidade de "soltar-se", de fundir-se momentaneamente com os outros (viver antes seus fantasmas) antes de "apagar-se". A perda dos sentidos torna-se a única maneira de interromper um pensamento que não descansa. De maneira geral, a alcoolização é uma forma de deixar-se levar a fim de fugir das tensões externas.

---

8. Instituições de ensino superior, independentes do sistema universitário francês, que recrutam por concurso e se destinam a formar as elites intelectuais e dirigentes da nação [N.T.].

A experiência desses comportamentos "chapados" radicaliza o uso das drogas ou do álcool. Ela não é mais uma busca de sensações; mas, acima de tudo, uma busca de desaparecimento, uma paixão pela perda dos sentidos. Existir por intermitência, com fases de debandada, e não mais na continuidade de si. Denegação química da realidade, busca simbólica do coma, do "branco", para não mais ser atingido pelas asperezas do entorno. Aprisionamento do tempo nos efeitos buscados em um composto etílico, mesmo que seja necessário demitir-se de si mesmo e abandonar-se ao controle químico. Quer se trate de toxicomanias, de álcool ou uso de solventes, a busca é sempre a da ausência. Sobretudo a partir dos anos de 2000, surgiram formas inéditas de alcoolização destinadas a uma busca deliberada de ausência ou de coma. Beber sem limites, não mais para sentir-se inebriado, mas para acessar o mais rapidamente possível o esquecimento. Demitir-se de si. Os copos são absorvidos indiferentemente ao sabor do álcool na vontade de perder a consciência que leva à experiência estar "pegando fogo", "despedaçado", "morto" ou simplesmente para "desanuviar a cabeça". Sobretudo a vodca, o rum, o uísque e a tequila são bebidas alternadas com coquetéis mais leves (igualmente alcoólicos, mas com adição de açúcar). Essa prática é incorporada por adolescentes cada vez mais jovens, incluindo as meninas, embora em menor número. Esses adolescentes bebem para acessar imediatamente a um branco mais ou menos controlado, desejam desaparecer por algum tempo, e o mais rapidamente possível. Não se trata mais de sensações a experimentar para sentir-se existindo, mas de uma tentativa de fuga de si. O estado de coma relaxa as tensões, ele é, para citar uma afirmação de Ruysbroeck, o "repouso do abismo". O *binge drinking* [consumo excessivo de álcool] autoriza um relaxamento dos imperativos de representações necessário à relação com os outros e consigo mesmo. Alguns jovens bebem em vista da perda de controle de si, para apagar a própria consciência. Eles bebem muito, qualquer coisa, para fugir deles mesmos. No dia seguinte já não se lembram de mais nada. Um "branco" interrompe a memória das horas precedentes. Mas, mesmo nos momentos em que deixam de ser pessoas totalmente conscientes, seu relacionamento com os outros, continua, e às vezes para o pior, sobretudo em casos de estupros, principalmente quando garotos se aproveitam da situação de garotas que por eles foram estimuladas a beber e que momentaneamente perderam grande parte da consciência.

Embriagar-se ou perder a consciência pode ser um ato mais solitário. Geralmente essa modalidade serve como um escudo contra o sofrimento, uma estratégia de sobrevivência. Marion, uma moça de 17 anos, perdeu um de seus melhores amigos em um acidente de moto. Eis seu testemunho: "*Para mim foi um grande estresse, e a partir de então comecei a beber exageradamente, não necessariamente sozinha, mas ingeria muito álcool, e em doses sempre maiores. Isso me levou a um progressivo afastamento de meus pais, fato que lhes causou grande desconforto, visto que passaram a sentir-se culpados por meu mal-estar, por meu fracasso. Pessoalmente, eu me considero um zero à esquerda e, em um círculo vicioso, culpada por ter-me afastado deles. A primeira bebedeira foi seis meses depois da morte de meu companheiro; as maiores delas sempre aconteciam nos fins de semana; depois passei a beber duas ou três vezes por semana, tentando afogar minha dor*". Trata-se de uso narcótico de álcool, automedicação para não remoer constantemente a lembrança do acidente. Mas, pouco a pouco, Marion refaz sua vida tomando consciência de sua incrustação em estados que destroem o conjunto de sua existência.

Cédric, 17 anos, descreve de maneira brutal e exemplar sua aspiração ao desaparecimento: "*Bebo porque estou mal, e é a única coisa que me conforta. Não sirvo para nada. Sou um zero à esquerda. Ninguém se interessa por mim. Mas, de qualquer maneira, tanto faz.*

Quando bebo perco o rumo, mas pelo menos me desanuvio, tenho a impressão de controlar a situação. Embora sabendo que sou um zero à esquerda; quando bebo, esqueço tudo. Não penso em mais nada". Um garoto, encontrado por S. Le Garrec (2002: 126), também descreve seu desejo de apagamento: "*Quando bebo tequila ao metro, é ao metro mesmo, a coisa fica séria, pois lá a gente se destrói, se anula, se apaga mesmo, e é esse o objetivo da brincadeira. Mas tem outra coisa, e talvez isso o surpreenda ou o choque: é que eu, a vida, nada disso tudo me interessa. Não é a primeira vez que tento me matar, e sei que virão outras, mas a vida não serve pra nada, não é nada [...]. Sou um merda dentre os merdas. Sei disso. Não represento nada, nem pra mim nem pra ninguém [...]. Digo a mim mesmo que bebendo não sinto mais nada, e isso é muito bom, ou seja, é como ter a impressão de que a guerra cessou há alguns minutos, como se tudo tivesse parado, inclusive eu, bem, é como um coma etílico universal permanentemente*". O jovem, confrontado com a impossibilidade de ser ele mesmo, se desliga do vínculo social em uma resistência "passiva". Lá onde outros escolhem inconscientemente a depressão, ele se abandona às diretrizes do álcool, das drogas, da estrada ou de um guru a fim de não precisar mais esforçar-se para ser ele mesmo.

O tema da consciência não é mais o princípio que rege a existência. O corpo torna-se um refúgio, um lugar sem lugar para o indivíduo se dissolver, para não fazer mais sua parte, um meio de enclausurar-se nas profundezas da própria carne fechando a consciência por dentro e por fora. Ele é uma fonte indisponível, psiquicamente invisível, mesmo permanecendo visível a todos, mas inerte, desertado de qualquer presença. A persistência desse comportamento por meses ou anos atesta a vontade de ausência do jovem que prefere a aniquilação na perda dos sentidos do que manter as relações sociais. Alguns lutam assim contra o medo do desmoronamento, e assumem seu controle em uma espécie de homeopatia, de maneira a exorcizar o pior; decidindo condições e deixando a possibilidade de uma volta, mesmo se uma forma de calvário está igualmente presente nesses comportamentos de perda de consciência que imitam a morte para não ser levado por ela (LE BRETON, 2007). A alcoolização extrema é uma experiência de morte e de renascimento, não somente pelo jogo do calvário sempre renovado, mas também através da passagem consentida para um universo de sentido que não é mais o da consciência ordinária, sem ser de fato o da morte.

A busca da perda de consciência não se limita obviamente à adolescência, ela também diz respeito a homens e mulheres imersos em uma vida caótica tornada suportável por ingestões regulares de álcool ou de outros produtos. A cineasta Marina de Van encarna uma figura exemplar. Ela descreve com condescendência essa dissolução de si sob a égide de substâncias que programam de alguma forma a tonalidade de sua relação com o mundo. "Eu coloco uma tela etílica e farmacêutica espessa entre mim e um mundo em que não quero ver nada" (DE VAN, 2013: 10). Ao longo de incontáveis acontecimentos repetitivos, misturando sexo, álcool e drogas, ela diz frequentemente não se lembrar de mais nada do que viveu na véspera (DE VAN, 2013: 20). A existência conhece eclipses regulares, ela é uma busca de extinção quimicamente induzida para não morrer e manter *a minima* as funções necessárias à vida social e à continuidade de sua atividade artística. "Meu desaparecimento não é nem positivo, nem negativo. Meu corpo funciona, e alguma outra coisa vive, que não sou eu. Não posso ser feliz, tampouco infeliz, pois já não estou mais aqui" (DE VAN, 2013: 88).

O contramundo dos produtos psicóticos

O recurso às drogas psicoativas traduz uma vontade de isolamento através da busca de uma qualidade particular de sensações reproduzíveis. No decurso insípido ou doloroso do cotidiano esses produtos abrem uma espécie de porta dos fundos potencializada pelo produto. A relação com o mundo, com o que ela implica de incerteza, de precariedade, de imprevisibilidade, é provisoriamente constante, mas com a convicção, para o indivíduo, de que a eternidade está diante dele e que o gesto é reproduzível todas as vezes que ele precisar para alcançar o estado desejado. À incerteza das relações ele opõe a relação regular com uma substância que comanda sua existência e determina os estados de seu corpo. Ele é muito mais dependente dessa experiência do que de uma substância química. O sujeito faz sua droga e não o inverso. As consequências pessoais das drogas não são as mesmas segundo as expectativas e as carências de ser que o indivíduo busca preencher. A dependência não está necessariamente em questão. O consumo pode se resumir em uma experiência sem amanhã, ou esporádica, o indivíduo não experimentando por ela nenhuma fascinação.

Mesmo se o *pharmakon* é simultaneamente remédio e veneno como o lembra a etimologia, ele é uma espécie de automedicação que veda uma carência de ser ou elimina um sofrimento. O usuário tem a sensação de tornar-se, enfim, ele mesmo. Ele não encontrou outras soluções para continuar vivendo. Sua primeira experiência em geral é decisiva e oferece um prazer, um apaziguamento, uma completude jamais vista. Sua existência dividiu-se então em um antes e um depois. Mas, com o passar do tempo, o prazer se torna secundário em função da necessidade de aliviar as dores da carência, e o toxicômano não deixa de correr atrás da primeira vez, mesmo não encontrando senão um fantasma daquelas sensações.

Para livrar-se do peso da identidade, importa percorrer bioquimicamente um caminho em si antes que enfrentar sem defesa o enfrentamento com o real. A salvação tem lugar em uma fórmula química. Não se trata mais de uma medicalização do sofrimento existencial, mas também de uma modelagem química dos comportamentos e da afetividade. O toxicômano vive em uma anatomia fractal. Esses fragmentos orgânicos conhecem intensidades fulgurantes e desenham uma carne furtiva que lhe poupam a provação do real. Ele não precisa mais carregar o fardo da existência e seu estado civil, já que vive da intensidade do produto e na dor de sua falta, em um vai e vem que somente ele o autoriza a existir. O toxicômano faz para si um mundo exclusivo no qual não é mais obrigado a ser alguém, sua economia libidinal está estritamente voltada para si mesmo.

A entrada no ciclo da dependência é uma abolição do tempo e do espaço, ou, antes, a entrada em um tempo circular e um espaço uniforme, ambos somente escandidos pelas diferentes etapas que levam à ingestão do produto. As ambiguidades do mundo são abolidas através de uma maneira de estar presente sem estar presente, longe das coerções da identidade. Tudo é intercambiável, as pessoas, os lugares, menos o real do consumo. O produto apaga de uma penada uma depressão crônica, uma impressão de vazio, pelo mergulho deliberado em um universo de sensações puras em que a identidade não tem mais lugar mesmo, não obstante tudo, dando o sentimento de um limite, através das dores da abstinência.

A situação da abstinência é um abismo, uma dissolução de si, uma hemorragia do vazio que importa vedar o mais rapidamente possível para não sentir seus espasmos. Ademais, o indivíduo retorna brutal e dolorosamente à sensação de si através da dor, ele reata com os imperativos de uma vida social, já que precisa encontrar o fornecedor da droga e o meio de pagá-lo. A droga é o pêndulo que autoriza o prosseguimento da vida, a dose ínfima de morte que triunfa da morte real em um jogo de provação extrema onde o desafio é extrair cotidianamente uma certeza de estar legitimamente no mundo. Ela é também a dose de ausência que transpõe um momento de desaparecimento de si na vida real. Essa relação ambígua com a droga, que simultaneamente é sinônimo de vida e de morte, sustenta uma existência no limite. Trata-se de viver brincando com a morte, mesmo sabendo o preço a pagar no momento oportuno (LE BRETON, 2007).

A droga, quando acompanha uma dependência, é uma forma de duplicação de si em um contramundo sobre o qual o usuário exerce controle parcial. A seus olhos, o corpo é apenas um despojo arrastado à sua frente. O drogado não se sente implicado nas questões de saúde, alimentação, higiene, tampouco se preocupa com a própria dignidade. Corpo maltrapilho, mas necessário à injeção das drogas, sejam elas quais forem. O corpo vem substituir o sentido, a necessidade (controlável) vem substituir o desejo (incontrolável), a sensação indecisa de si vem ocupar o lugar das coerções da identidade. Na impossibilidade de encontrar uma relação de sentido adequada no mundo, as sensações se impõem para oferecer um recipiente propício. O sentimento de si limita-se então à sua repetição para se sentir vivo e protegido em uma existência que não deve mais nada ao vínculo social ordinário. O indivíduo assume o controle do vazio, mas em detrimento de um mundo real no qual nada investe. Sua pele não é uma fronteira de sentido suficiente para garantir o vínculo interior/exterior, dentro/fora sem ser permanentemente afetada pela adversidade. "Eu-pele" perfurados por uma hemorragia e uma invasão do mundo em si na impossibilidade de estabelecer limites para se proteger.

Em detrimento da identidade íntima e social, o corpo de sensações cria enfim uma base, mesmo se esta se desenha no impalpável do sensorial e implica os horrores da abstinência. O corpo oferece um limite simbólico suficiente para que o consumidor deseje encontrar essa base o mais rapidamente possível assim que ela se afasta dele. A abstinência ou a privação levam a uma dor próxima à do "membro fantasma". Se existe alhures uma "verdadeira vida", para o toxicômano o "verdadeiro corpo" está nas sensações suscitadas pela droga e por sua ausência. Ele conduz efetivamente sua existência como o fantasma da pessoa que era. A dependência, quando se torna severa, é uma forma de apagamento de si, um desaparecimento orquestrado. Imersão em um tempo ilimitado, congelado em uma espécie de eternidade, em uma repetição sem fim. A toxicomania é às vezes reivindicada como única identidade por um usuário que não se reconhece senão sob esse ângulo ("Eu sou tóxico"). Identidade de substituição que suprime uma identidade civil menosprezada e dolorosa.

Aspiração à perda dos sentidos

O desfalecimento deliberado é uma maneira de apagar-se que se desenvolve na juventude contemporânea. Essa fascinação pela perda dos sentidos não é totalmente inédita, e um dado antropológico, mas ela se renova segundo os meios disponíveis, e hoje ela conhece uma extensão sociológica considerável. R. Daumal conta uma experiência que o assombrou quando tinha 15 ou 16 anos. Naquela época ele queria "viver diretamente a morte – a minha morte", escreve. Para tanto, fez diferentes experiências: "Eu colocava meu corpo no estado mais próximo possível da morte psicológica, mas mantendo toda a minha atenção no estar acordado a fim de gravar tudo o que se me apresentava". Ele mergulha em um estado de inconsciência usando um produto quimicamente próximo ao clorofórmio, porém mais tóxico. E tenta regrar seu uso sem se perder: "No momento em que a perda dos sentidos se produziria, minha mão cairia com o lenço colocado em minhas narinas, impregnado do líquido volátil". Ele vive então de maneira repetitiva "a experiência de um outro mundo". E descreve seus efeitos como próximos da asfixia: "Batimentos das artérias, zumbidos, ruídos de bomba nas têmporas, ressonância dolorosa ao menor ruído exterior, ofuscação da luz; em seguida o sentimento de que aquilo se torna perigoso, que é hora de parar de brincar, e rápida recapitulação de minha vida até o presente instante". Os fosfenos que se agitam diante de seus olhos preenchem todo o espaço. "Naquele momento, eu já não tinha mais o uso da palavra, e inclusive da palavra interior; o pensamento era rápido demais para arrastar consigo as palavras." Ele experimenta um "outro mundo", "intensamente mais real, um mundo instantâneo, eterno, um braseiro ardente de realidade". Mas, simultaneamente, é levado por uma necessidade que lhe foge: "Eu devia, sob ameaça do pior, acompanhar o movimento; era um esforço terrível e sempre mais difícil, mas eu era obrigado a fazer esse esforço; até o momento em que, deixando-me levar, caía inevitavelmente em um brevíssimo estado de perda dos sentidos; minha mão largava então o algodão, eu respirava, e ficava o restante do dia pasmo, imbecilizado e com uma violenta dor de cabeça" (DAUMAL, 1953: 265s.). Os desconfortos posteriormente experimentados são o preço a pagar pela intensidade da experiência. Ele diz inclusive ter enganado a morte e ter saído dessa por um milagre, mas se recusa a testemunhar a experiência. "Tendo visto o perigo, no entanto, cessei de renovar o teste" (DAUMAL, 1953: 272). Evocando as "visões" extraídas da perda dos sentidos, ele sublinha o quanto elas refletem finalmente as expectativas dos que as vivenciam. Elas são uma pura projeção mental que reflete a psique dos indivíduos. Dois de seus amigos tiram conclusões banais, mas um terceiro, Roger Gilbert-Lecomte, vive uma experiência interior próxima da sua. O empreendimento de René Daumal não é exatamente o das brincadeiras de asfixia, mas ele é semelhante por alguns traços: por sua busca de vertigem, pelo risco de morrer, pelo dispositivo empregado (apostar na queda do braço para afastar o algodão das narinas), pela busca da perda dos sentidos e o que ela revela de si. Ela também visa ao desaparecimento de si.

Dentre essas práticas fundadas em um declínio interior programado, as "brincadeiras" de asfixia procedem por estrangulamento ou compressão. Essas atividades são realizadas por crianças ou adolescentes que ignoram em sua maioria os riscos envolvidos. A elas se entregam por uma breve busca de sensações, preocupadas em compartilhar um momento de convivência com os outros, longe do olhar dos adultos. Alguns se sentem inseguros e buscam desaparecer regularmente, à vontade, repetindo a mesma experiência. Em contrapartida, outros se animam pela curiosidade, pelo prazer de compreender e explorar dons pessoais, inscrevendo-se em uma lógica adolescente de descoberta de seu corpo e de soberania sobre si mesmos.

As brincadeiras de asfixia reenviam a uma busca deliberada de perda dos sentidos através de uma pressão sobre as carótidas ou uma compressão do esterno feita pela própria pessoa ou por outra após ter respirado em um ritmo precipitado a fim de produzir uma hiperventilação. O empobrecimento brutal do oxigênio e a restrição da circulação do sangue criam uma perda de consciência; o relaxamento da pressão provoca um afluxo de sangue no cérebro. O bloqueio e/ou a desaceleração respiratória destrói irreversivelmente os neurônios, desencadeando às vezes uma crise de epilepsia. Essas brincadeiras visam a provocar um momento de abalo sensorial percebido como agradável, antes de voltar a si ou de ser reanimado pelos amigos. O desfalecimento é um momento de entremeio, de sufocação, atravessado por sensações fortes e pelo sentimento de estar à altura de um comportamento pouco comum. Em princípio a perda de conhecimento se apaga a partir do instante em que a pressão se ameniza, mas a hipoxia cerebral provoca lesões irreversíveis depois de três minutos de inconsciência, e a morte após quatro ou cinco minutos. Essa brincadeira normalmente é feita em grupo, mas alguns a fazem sozinhos, multiplicando assim o perigo. Para provocar o estrangulamento, eles recorrem a laços, cordas ou cintos. Mas eles não têm o controle total das operações. O laço suspende a respiração e o ar retido nos pulmões pouco a pouco se empobrece de oxigênio (anoxia). Se não desatar imediatamente o laço antes da privação total de oxigênio, o indivíduo entra em coma em alguns segundos e se expõe em alguns minutos a lesões cerebrais irreversíveis, ou à morte. Se o jovem está sozinho, ninguém pode soar-lhe o alarme, então, inconsciente, morre estrangulado. Para além desses riscos de lesões cerebrais ou de morte existe também o perigo de ferimentos por ocasião da queda devido à perda de consciência.

Essas práticas de asfixia conhecidas de longa data sob muitas variantes tendem a se multiplicar entre as jovens gerações nos últimos anos, principalmente em razão dos blogues e das redes de intercâmbio como o YouTube® que expandem sua atração e as tornam conhecidas. Elas atingem os adolescentes, às vezes as crianças, ou até mesmo os adultos, oriundos de todos os ambientes sociais, sobretudo meninos, mesmo se, em minoria, as meninas também participam. Nenhuma morte foi recenseada antes de 1995, e os primeiros textos da literatura médica só aparecem depois do ano de 2000 (RUSSEL, 2008: 1.420). Muitas mortes, percebidas até recentemente como suicídios, eram acidentes devidos a uma prática solitária das brincadeiras de estrangulamento. Um ponto cego impede, portanto, que se estabeleça uma constatação precisa da mortalidade anterior ao período supracitado. E mesmo hoje a ambiguidade permanece entre suicídio e morte acidental.

Essas brincadeiras de asfixia têm incontáveis nomes: sonho indígena, coma indígena, sonho azul, brincadeira da rã, dos pulmões, do cosmos, do tomate. Na América do Norte ou no Reino

Unido, os nomes são igualmente múltiplos: *choking game, blackout, suffocation roulette, space monkey, flatliner, breath play, space cow boy, funky chicken, passout, mess trick, California high, rising sun, sleeper hold, american dream, air planing, scarf game, cosmos, black hole, purple dragon, purple hazing, tingling game, fainting lark, speed dreaming, intento desmayo...* A profusão dos termos designando essas práticas, cada língua possuindo suas particularidades para nomeá-las, atesta sua notoriedade entre os jovens ao redor do mundo.

Essas atividades dependem de uma radical separação da esfera parental mantida na ignorância. Não por consciência do perigo ou por medo da reprovação, mas pela intuição de entregar-se a uma iniciativa ambígua que os adultos são propensos a desaprovar. Práticas ente si, imersas no segredo das brincadeiras de infância ou da adolescência, um pouco à maneira das brincadeiras ao redor do sexo que nenhuma criança revela aos seus pais. Elas provocam a diversão nascida da transgressão de uma proibição implícita e participam também da experimentação de si. Além da busca de sensações da qual procedem, essas brincadeiras alimentam o sentimento de força pessoal por ter ousado realizá-las, e um momento de partilha com as testemunhas da experiência. O grupo está quase sempre presente para enquadrar a brincadeira mantendo-se cuidadosamente ao abrigo da vigilância dos pais ou professores. Essas práticas são conotadas como lúdicas aos olhos dos jovens. As brincadeiras de asfixia são uma forma fácil de acesso a outro estado de consciência, e são valorizadas e coroadas de prestígio em razão de sua dimensão oculta e juvenil e participam de uma excelência pessoal no seio do grupo para os que ousam ariscar-se.

Nenhum jovem inventa por si mesmo os gestos requeridos para a busca da perda dos sentidos. São os outros que o ensinam e lhe sugerem as impressões que ele deve buscar sentir. Eles o ajudam eventualmente a atingi-las e fazer com que ele volte a si. Se não são os pares de viva voz, os sites da internet, os blogues, YouTube® ou outros vetores da cibercultura garantem sua transmissão em larga escala. No seio do grupo de pares, a pressão à conformidade é difícil de ser afastada, sobretudo entre os meninos. Não participar da demonstração implica uma ameaça de rejeição e desprezo, ou um sentimento de exclusão da experiência dos outros. O jovem se sente coagido a uma atitude que nem sempre lhe interessa, e a recusa de compartilhar a experiência com os demais o exporia à vergonha. Somente continuarão a experiência aqueles para os quais esse momento de apagamento de si responde a uma inspiração profunda.

Para um jovem interrogado a esse respeito, as palavras não conseguem traduzir a intensidade do caos de sensações experimentadas em função dos códigos que os outros lhe propõem e com os quais ele vai se adequando. A decodificação das percepções ligadas à perda dos sentidos traduz uma dialética sutil entre o indivíduo e o grupo à sua volta. O jovem define a situação remanejando-a segundo as peripécias de sua experiência e as proposições dos que o cercam. Ele é largamente dependente da opinião dos que o acompanham, sobretudo se é neófito e se está preocupado em aceitar o mais rapidamente possível a experiência a fim de sentir-se à altura dos outros. A função desses iniciados que acompanham suas primeiras tentativas desastradas consiste em tranquilizá-lo sobre suas impressões, em ensiná-lo a reconhecer determinadas sensações como apropriadas ao fato de gozar dos efeitos da perda dos sentidos em total conformidade com sua experiência. Ao seu contato, ele aprende a referenciar essas sensações fugazes, inicialmente bastante desagradáveis, e associá-las ao prazer. Uma espécie de adequação provisória se opera entre o que os outros lhe dizem e o que ele imagina da experiência[9]. "*Com o treinamento nos aperfeiçoávamos e nos tornávamos craques. Em seguida, não desperdiçávamos nenhuma tentativa. E chegávamos a ensinar a técnica aos outros*" (Jérémy, 12-13 anos, à época). Se os efeitos físicos suscitados pela perda dos sentidos parecem desagradáveis nas primeiras tentativas, para alguns eles se transformam ao longo do tempo em sensações desejadas, buscadas para o próprio desfrute e por serem extraordinárias. O trabalho de aperfeiçoamento das sensações faz-se sobre a significação do próprio estado do indivíduo. Redefinindo como agradável tal estado, seus pares o induzem a mudar assim sua natureza. Experimentação ou brincadeira com a morte pela fadiga, pelo esgotamento de si, pela breve tentativa de evasão em um outro mundo e de uma forma lúdica, essa dissolução de si é um ponto de atração dessas brincadeiras de estrangulamento.

A interpretação de sua experiência repousa essencialmente sobre as chaves que lhe são propostas ou aquelas sobre as quais o indivíduo ouviu falar. Ela é frequentemente resumida por clichês: aumento da adrenalina, impressão de voar, visões alucinantes de estrelas, de luzes, de cores, de cosmos, visão de seres estranhos... "*Quando a gente adormecia, parecia estar em êxtase, cercados de alegria, não sentia mais dor, nada mais sentia e eu buscava esta felicidade. Inicialmente o fazia em grupo, depois sozinho. Penso que o*

---

9. Lembramos a esse respeito as análises de Howard Becker a propósito dos jovens fumantes de maconha que, por sua vez, também devem se convencer em continuar, não obstante uma experiência inicial geralmente desagradável. "As sensações produzidas pela marijuana não são nem automática nem necessariamente agradáveis, constata H. Becker. Mesmo para as ostras ou para o Martini Dry®, o gosto para essas sensações é socialmente adquirido. O fumante experimenta vertigens e comichões no coro cabeludo; ele sente sede; perde o sentido do tempo e das distâncias. Tudo isso é agradável? Há controvérsias. Para continuar utilizando a marijuana, lhe urge optar pela afirmativa" (1985: 75) (para uma abordagem mais ampla sobre o tema, cf. LE BRETON, 2006 [e, em português, *Antropologia dos sentidos*. Petrópolis: Vozes, 2016]).

mesmo acontecia com meus camaradas. Eu não tinha consciência do perigo" (Ludwikas, 17 anos. In: COCHET, 2001: 125). "*Tinhas a impressão de dormir por dias, embora não demorasse mais do que um minuto. Talvez vinte ou trinta segundos. Tu te acordas realmente defasado. Por vezes sabias de antemão que isso funcionaria, já que vias estrelas apenas respirando forte [...]. Isso faz pensar em uma grande dose de droga, ou fumar um baseado em longas e rápidas tragadas. Depois disso vem o efeito crise cardíaca. A cabeça gira sem parar*" (Jérémy, 12-13 anos à época, 30 anos hoje). "*De repente, eu me sinto terrivelmente bem, o céu azul límpido, um gigantesco avião por sobre minha cabeça, em silêncio absoluto. O despertar é desagradavelmente perturbador. [Meus companheiros] me disseram que tive espasmos durante alguns segundos*" (Cyril, 15 anos à época. In: COCHET, 2001: 155). "*Tratava-se de adrenalina, de medo. Alguma coisa excitante, uma espécie de controle total em uma idade em que não estamos certos de tudo dominar, algo parecido com isso*" (Nathalie, 12-13 anos à época). "*A primeira vez foi como um coma branco. Então acordei: foi genial. Tinha a impressão de ter sonhado, era bom, eu me lembro perfeitamente. Sentia-me pairando sobre uma nuvem*", lembra-se Clothilde (à época com 14 anos) que abandonou tais experiências após sentir convulsões.

Em seu texto sobre "a capacidade de estar só", Winnicott aprofunda a noção de "orgasmo do eu" para caracterizar uma excitação que invade por completo o indivíduo. Momentos de breves perdas dos sentidos que aliviam o sujeito do peso de ser ele mesmo e lhe proporcionam o sentimento de se dilatar para fora de suas fronteiras cutâneas (WINNICOTT, 1969: 212). Mas alguns não compreendem que outros busquem com tanto entusiasmo uma experiência que os deixe frios, à imagem de Nicolas: "*É comparável a um desmaio clássico, sensação de flutuar, alucinações leves; sim, isso descreve minha experiência*" (Nicolas, 25 anos). Ele teve essa experiência uma única vez, aos doze anos, por sugestão de um amigo. "*Fiz do jeito que meu camarada me havia mostrado, fechando os olhos. Fiz-me estrangular, e a partir daquele momento não me lembro de mais nada. Acordei estirado no chão, e lá, meus colegas me perguntavam: 'E então?' Estando habituado a desmaiar quando era mais jovem, não vi nenhuma diferença específica em relação a um desmaio clássico*". Nicolas nunca mais repetiu a experiência.

Essas práticas de asfixia participam de uma busca de si que atingem de maneira privilegiada um adolescente em busca dos personagens nele contidos. Tendo em mente a perspectiva de R. Daumal, é igualmente necessário sublinhar a dimensão espiritual dessas práticas. Elas rejeitam os imperativos que valorizam a pertença, o *look*, a própria imagem, as grifes comerciais ou as tatuagens corporais. Em um mundo que testemunha uma rejeição a toda forma de interioridade (LE BRETON, 2015, 2009), em benefício exclusivo da exterioridade, toda a profundidade é simplesmente colocada na superfície de si. Essas práticas de asfixia testemunham uma vontade de finalmente buscar em si uma verdade que alhures se esquiva. Para muitos de nossos jovens cuja cultura é a da formatação operada pelo *marketing*, esse mergulho em um universo interior que se assemelha a um buraco negro a ser domesticado exerce uma forte atração. Trata-se de uma outra dimensão do real, não mais regida pelos pais, mas através de um entre si que restabelece o modelo de muitas narrativas iniciáticas destinadas aos adolescentes: a abertura da porta estreita que se escancara para um mundo desconhecido, secreto, cheio de poderes a conquistar. Irrupção de uma espiritualidade selvagem na sociedade em que as religiões desaparecem ou perdem sua credibilidade, e profusão de explorações íntimas, relacionadas com o sagrado e o espiritual. Por um instante, o jovem se livra dos imperativos de ser ele mesmo e que o "incomodam". Então ele desaparece.

Mesmo um adolescente que está de bem consigo mesmo passa por momentos de desânimo, de fadiga, de incerteza sobre o que será dele, sobre opções complicadas. O apagamento de si, ainda que por alguns instantes, é uma grande tentação. Experiência do branco em que o mais importante é esvaziar-se de si. Alguns jovens se recusam a esforçar-se para manter o personagem que o vínculo social lhes exige. Outros buscam a mesma experiência de desaparecimento de maneira repetida, mas não menos temida, através de uma busca do coma etílico ou ingerindo produtos desviados dos fins a que normalmente se destinam: coquetéis de remédios, solventes ou cola, inalação de gás butano ou outros gases inertes como, por exemplo, o propano, a fim de fazer a experiência desse momento de férias do controle sobre si. Alguns desses produtos, como bombas removedoras de pó de computadores, garrafas de gás para isqueiros, ou *sprays* dos mais diversos tipos etc., levam, entre outras, a uma mudança da voz e a crises de risos que suscitam em alguns jovens o desejo de sempre renovar a experiência. Estes produtos também criam momentos de confusão, de vertigem, de euforia. Classificados como asfixiantes, impendem o aporte ou a difusão alveolar do oxigênio e induzem a um bloqueio provisório dos sentidos e à perda dos sentidos, podendo às vezes levar à morte. Essas práticas de vertigem grandemente utilizadas pela rapidez de seus efeitos não custam nada, ou quase nada, e estão ao alcance de quase todos. E seus efeitos se dissipam muito rapidamente, mesmo se, sem o conhecimento dos usuários, elas deixam terríveis sequelas em seus organismos.

A dificuldade de acordar, a leve confusão mental, as náuseas, os vômitos, as dores de cabeça não são senão, aos seus usuários, o preço a pagar por uma experiência que lhes parece hipnotizante. A perda dos sentidos é uma suspensão provisória das coerções da identidade, um movimento pendular que suprime qualquer consciência, uma forma de abandonar o mundo por um instante e em seguida reaparecer. É uma espécie de confronto simbólico com a morte, antecipando-a. A perda dos sentidos é o equivalente físico da brincadeira com a ideia de morte que atinge principalmente a adolescência. Ela é uma forma de domesticação, uma pequena morte que conjura a morte definitiva. Aos olhos de alguns, esse mergulho em um contramundo parece tão irresistível que acabam caindo em uma dependência, repetindo várias vezes ao dia os mesmos gestos.

Desaparecer e regressar

Por essas práticas de asfixia, de alcoolização extrema ou de uso de drogas, o jovem entra em um mundo de sensações puras às quais na maioria das vezes retorna sem consciência. Ele se apaga e vagueia como um fantasma em um universo interior incompreensível e inominável; ele flutua em uma espécie de ausência. Sem o peso das coerções de sentido e de sociabilidade, ele não precisa mais arcar com o peso de sua identidade. A intenção não é a de armazenar lembranças para em seguida destilá-las, porém mais um desejo de desaparecer. Nesse estado, o indivíduo é libertado de seu centro e de sua unidade, portanto, de qualquer identidade, e flutua em um universo do qual mal tem consciência. Sua preocupação é desfazer-se do peso de sua existência anterior, de uma identidade excessivamente pesada a carregar. Ele então desaparece sem deixar rastros, desvencilhando-se das exigências e das lembranças da memória. Mergulhado em um vazio para fugir do vazio, ele não sabe mais onde tudo começa ou tudo acaba; para ele tanto faz, já que julga ser o centro dessa libertação. À imagem dos personagens de Beckett, privado do centro de gravidade, liberto de qualquer consciência, ele é pura evanescência (cf. BECKETT, 1972: 5). Do tempo que passa ele não retém nada na memória, é pura ausência, pura libertação do esforço de ser si mesmo. Abole a duração, de maneira obviamente provisória, mas vive fora de sua história pessoal, e o mundo à sua volta cessa de exigir-lhe uma prestação de contas. Ele congela o tempo voltando-lhe as costas, cristalizando assim os acontecimentos e não se sentindo mais atingido por eles. Sequer está em situação de espectador: simplesmente ignora o que acontece à sua volta.

O branco é uma experiência de morte e de renascimento, não somente por uma perda de consciência sempre renovada (LE BRETON, 2007), mas também pela passagem consentida para um universo de sentido que não é mais o da consciência ordinária, sem ser efetivamente o da morte real. No momento em que o indivíduo está sob o domínio da droga, ele desliza para um contramundo. Ele deixa de ser pessoa e passa a ser um campo de sensações. A mudança de consciência se transforma em objetivo transicional para avançar no tempo, em um jogo de renascimentos sucessivos. Nesses comportamentos, o branco é uma travessia da morte regularmente repetida. Essas condutas são tentativas de fugir de si por meio de um produto alucinante ou de uma ação que proporciona um apaziguamento provisório. O tempo é neutralizado, é dominado pelo ator que brinca em parceria com a morte. Perder-se deliberadamente para nunca mais se perder, reassumir o controle, mesmo que paradoxalmente, sob uma forma homeopática. Mas alguns não voltam mais dessa forma de exploração dos abismos.

4 Alzheimer: desaparecer de sua existência

> *No elevador, faço uma pergunta que ele não compreende. Franze as sobrancelhas, procura uma resposta, não a encontra, encontra: 'Existe um túmulo em mim'. Depois se cala. Esqueceu o que acabou de dizer. Observa a porta do elevador, os números que se iluminam acima dos botões...*
>
> C. Bobin. La Présence pure.

Envelhecer

A expressão "pessoa idosa" testemunha uma forte ambiguidade enquanto poda a singularidade de cada indivíduo segundo sua história pessoal e seus dotes físicos e morais. Importa matizar sempre essa expressão atribuindo um rosto à pessoa para evitar generalidades excessivamente avassaladoras. Em nossas sociedades as pessoas idosas são lentamente despojadas de suas antigas funções, a retirada do universo profissional sendo seu sinal mais sensível. Entretanto, embora gratificações narcisistas de sua existência se apaguem, outras aparecem.

O envelhecimento implica um remanejamento de si e da relação com o mundo para conformar-se com as capacidades físicas cambiantes, com uma sociabilidade que se transforma, com o uso do tempo que não é mais o de outros tempos, com um entorno tecnológico difícil de manejar e que não cessa de transformar-se, com o frequente sentimento de uma defasagem diante de um mundo intrigante. Ninguém sabe onde sua velhice o leva. Muitas pessoas idosas se contentam em viver enfim seu próprio ritmo dedicando-se a diversões prazerosas ou se fechando em seus próprios lares, suas famílias, seus netos... Outros se engajam em viagens, em atividades associativas, voluntariado, clubes de caminhadas, associações de bairros etc. Através de uma criatividade cotidiana, essas pessoas se organizam em seus deslocamentos, em suas tarefas domésticas, em seus lazeres, reduzindo ou aumentando suas atividades segundo as circunstâncias, renunciando a algumas ou inaugurando outras. Um movimento de vai e vem entre engajamentos e desengajamentos acompanha o avanço da idade, em um eterno ajustamento. Segundo a intensidade do gosto de viver, a pessoa idosa permanece ou não no mesmo nível de prazer da existência, mesmo que ela tenha de abandonar progressivamente algumas atividades que lhe eram caras (CARADEC, 2008: 87s.). O centro de gravidade do processo de envelhecimento vincula-se ao grau de apego que o indivíduo estabelece com a vida cotidiana ou com seus sonhos. Essas significações é que finalmente contam. Não é uma questão de idade, mas de relação com o mundo.

Se o envelhecimento frequentemente é vivido de maneira feliz como uma renovação dos prazeres e das atividades, ele é igualmente uma provação enquanto às vezes pode tornar difícil a continuidade do sentimento de si e a qualidade de investimento no mundo. Ele se transforma em lento desaparecimento enquanto as forças diminuem e a saúde começa a definhar. O corpo perde sua evidência, ele se torna mais opaco e faz-se ouvir de um modo mais lento, sofrido, insistente. Pouco a pouco ele muda e reconhecer-se nele é uma tarefa desconfortável. O rosto se torna estranho e a diminuição das *performances* colabora para um abrandamento de si. Uma série de lutos minúsculos ocorre na relação com o mundo, já que as capacidades se atenuam lentamente no plano dos movimentos, da resistência, do desejo, da memória, da visão, da audição. A frequentação ao médico se torna mais assídua. As doenças e dores se tornam mais crônicas e urge ajustar-se às circunstâncias que limitam a liberdade de movimentos e enfraquecem o prazer de viver. Um cansaço que o repouso não apazigua mais se instala, provocando uma redução das atividades.

O envelhecimento, quando obviamente flui sem alterar o prazer de viver, leva a mudanças corporais quase imperceptíveis. Só percebemos que estamos envelhecendo quando uma patologia nos atinge, ou após uma queda ou um acontecimento doloroso que faz com que nos sintamos "meio decrépitos". A esse respeito a morte do cônjuge é um momento-chave que em algumas pessoas alimenta a convicção de que agora sua existência está acabada, mesmo se outras, ao contrário, reconstroem rapidamente sua vida cotidiana, o uso de seu tempo, a própria sociabilidade. Para o sobrevivente, às vezes se trata de uma barreira dolorosa a ser superada, embora alguns acabem morrendo após alguns dias ou semanas simplesmente por perderem a companhia e o prazer de viver. "Ele (ou ela) se deixou morrer", diz o adágio popular. As pessoas mais próximas e significativas que o acompanhavam e davam sentido à realidade social de seu universo, de sua identidade, de sua rede de relações pessoais se apagam lenta ou brutalmente em caso de desaparecimento da única pessoa que garantia esse equilíbrio. Se a transformação é mais lenta, cada desaparecimento carrega consigo uma parte da história pessoal, e então a trama da relação esmorece e a pessoa nem sempre se anima a instaurar outras, ou lutar para manter seu personagem. Mesmo assim ela busca conservar um sentido e um valor para sua existência.

Enquanto o jovem vive em construção permanente e com o sentimento de alargar sua relação com o mundo dispondo de todo o tempo do mundo à sua frente, a pessoa idosa se encontra no processo inverso, isto é, ela contabiliza perdas e vive com o sentimento de sua irreversibilidade. O sentimento de identidade não cessa de remanejar-se no sentido de uma reestruturação daquilo que era importante e que desapareceu. Leiris o vive dolorosamente: "Quando o apagamento pela morte ou pela senilidade não é mais vislumbrado como um destino, mas esperado como um mal que está prestes a acontecer, há momentos em que – e é o meu caso – perdemos até o desejo de recomeçar: avaliamos o pouco tempo que nos resta ainda, tempo estrangulado, sem relação com o de épocas em que era excluído pensar que uma empresa podia prescindir do prazo requerido para se desenvolver livremente, e isso corta qualquer estímulo" (1976). Uma vez que o indivíduo, seja qual for sua idade, tem o sentimento de viver em um tempo que lhe é limitado, se lhe torna difícil colocar em prática um projeto ou um desejo. Seja como for, as perdas graduais ligadas à idade levam ao risco de a pessoa se perder. A velhice é nesse caso uma expropriação progressiva, uma lenta retirada, que se traduz também pelo desaparecimento dos antigos amigos, dos membros da família ou da vizinhança, o afastamento das antigas responsabilidades profissionais, a irrupção de eventuais enfermidades. Some-se a isso a morte sempre mais frequente dos próximos, dos amigos da mesma geração e o sentimento de a pessoa se encontrar sempre mais sozinha. As identificações familiares solidamente ancoradas pouco a pouco se esquivam, e faz-se necessário reinvestir em outras, mas os lutos pessoais são mais fáceis de superar na juventude, ou quando existe o sentimento de que há ainda uma longa perspectiva de vida pela frente.

Envelhecer é um lento trabalho de luto e perdas que levam a desinvestir das relações e ações outrora valorizadas. A pessoa idosa pouco a pouco admite o fato de possuir um controle cada vez mais restrito de sua existência. Obviamente, ela reinveste em outras relações, mas muitas das que lhe eram caras desaparecem. V. Jankélévitch fala neste sentido de "idade em que há tudo a lastimar e nada a esperar" (JANKÉLÉVITCH, 1977). Alguns vivem mais dolorosamente do que outros o fato de se sentirem afastados do que foram e de ver desaparecer um a um os traços de outrora. Quando a blindagem do sucesso social ou profissional se dissipa, a antiga personalidade se esvai. Urge admitir então que já não se é mais o homem ou a mulher que por tanto tempo marcou sua presença singular no mundo.

De uma expectativa narcisista à outra a existência acaba pesando. As patologias múltiplas tornam os cuidados fora do domicílio difíceis, único lugar onde a pessoa se sente protegida. A partir do momento em que a projeção no tempo começa a esbarrar em obstáculos físicos, na diminuição do sentido, no aborrecimento, no sentimento de não ter mais nada a oferecer, de que seu tempo já passou, de não se sentir mais vinculado a ninguém, envelhecer se torna doloroso.

O propósito deste capítulo sem dúvida se concentra não no envelhecimento ditoso dos que permanecem até o fim à altura de sua história e de suas relações com os próximos, ou que envelhecem solitariamente, mas de maneira tranquila; nosso objetivo é abordar o envelhecimento que se tornou um fardo e culminou em uma espécie de desaparecimento progressivo de si.

Hoje, para muitos contemporâneos, os últimos anos da vida são passados em casas de repouso ou asilos. O aumento da longevidade e a individualização do vínculo social ajudam a isolar as pessoas que perderam uma parte da autonomia ou da sociabilidade em estabelecimentos específicos afastados dos movimentos da vida ordinária, embora também seja fato que pessoas mais autônomas, que conscientemente e por comodidade decidiram viver nesses lugares, continuam mantendo relações sociais com seus antigos locais de residência ou bairros. Se o estabelecimento é escolhido e assumido pela própria pessoa, se ele se integra às suas atividades ou a faz descobrir outras, se ela pode levar consigo os objetos aos quais está apegada, e se lá ela encontra uma sociabilidade prazerosa, este é então um lugar de crescimento pessoal, uma segunda família. A fratura é nitidamente mais dolorosa quando, em contrapartida, se trata de uma perda de autonomia ou de uma sociabilidade insuficiente ao redor de si que torna impossível o sentir-se em casa. Algumas pessoas são internadas contra a própria vontade e por comodidade das famílias que as consideram mais seguras nesses lugares, mesmo cientes de que elas aos poucos podem perder todo o prazer de viver. Outras são internadas em estabelecimentos geriátricos após um acidente vascular cerebral causador de sequelas incapacitantes, ou após uma queda ou um acidente que as levou à inconsciência, à afasia, à perda de autonomia e à necessidade de uma assistência regular ao longo do dia etc. (FRANCOEUR, 2010).

A "internação", entretanto, implica a perda de esperança de um retorno à própria casa ou apartamento, apesar da memória às vezes ainda viva em algumas dessas pessoas, não obstante a sociabilidade de bairro ou vilarejo e as lembranças pessoais vividas nesses lugares terem transcorrido por longo tempo de forma tranquila e feliz. Uma grande parte da história pessoal repentinamente desaparece. Além disso, em caso de mudança de endereço, há de se fazer uma seleção daqueles móveis e objetos que acompanharam uma vida, guardando agora um mínimo de volume suscetível de caber no novo quarto a ser ocupado, renunciando assim uma parte da memória individual.

Para muitos, a internação em uma casa especializada em acolher pessoas idosas sinaliza a supressão da própria identidade social anterior, o esquecimento da história pessoal, o distanciamento e o corte dos vínculos familiares. Trata-se de uma ruptura da história de vida na qual cabe ao indivíduo, quando consciente, transformá-la em mudança natural ou, ao contrário, em uma catástrofe, mesmo se lógicas inconscientes também exercem uma função de amortecimento ou de precipitação do fim. As antigas "sustentações" da existência são tolhidas. E assim a pessoa adentra em um universo estranho, difícil de domesticar, de compreender. O esforço é desmedido, a tarefa parece impossível, as reservas de sentido às vezes se esgotam. O desligamento de si e das atividades inerentes à vida cotidiana doravante passa a não ter mais nenhuma perspectiva de ativação. E assim muitas pessoas morrem nas primeiras semanas de sua entrada nessas instituições.

Esse despojamento leva algumas pessoas idosas internadas nesses estabelecimentos a colecionar pedras ou trapos, a conservar um despertador ou uma foto, um punhado de vestígios miraculosamente preservados. Desinvestimento culminando em um estreitamento do território, até não restar senão um corpo imóvel, e quase supérfluo, totalmente dependente da ajuda de um cuidador para satisfazer as necessidades mais elementares. Desistência progressiva de presença no mundo, retraimento em uma espécie de território animal onde o simbólico é apenas residual. Para muitos, a expectativa em relação a essas instituições é zero, já que elas significam imobilização, dependência, privação do emprego do tempo investido de valor, impossibilidade de projetar-se na direção de um futuro de maneira autônoma (DEUIL, 2010: 63s.). Trata-se de algo completamente diferente da expectativa normal das atividades da vida cotidiana. Inelutável, é o preço a ser pago pela alteração do corpo, pela perda da autonomia, culminando em uma uniformização do tempo. "Sentadas por horas no corredor da casa de sua longa estada, essas pessoas aguardam a morte e a hora da refeição" (BOBIN, 2002: 131). O tempo é imóvel, eterno, e, para os que ainda conseguem se movimentar, compassado por alguns passos no parque ou no vilarejo, ou do quarto à sala de televisão. A espera é passiva, é um aturdimento, e opõe-se a qualquer atividade em tensão com o mundo vindouro.

O desaparecimento progressivo do sentimento da continuidade de si e a transformação da identidade em fragmentos díspares expõem a pessoa à dependência do entorno ou dos cuidadores. Uma existência autônoma torna-se assim impossível. Sem a ajuda dos outros, o indivíduo morre rapidamente ou interioriza uma espécie de morte simbólica através de um esmorecimento que o leva a uma dependência crescente. Assim, se as atividades do corpo são inteiramente delegadas aos cuidadores, o curvar-se sobre si pode chegar ao entrevecimento. O ancião então se imobiliza, se dobra sobre si mesmo, fazendo do corpo seu último refúgio. Não sai mais de seu leito ou de sua cadeira, limita seus movimentos ou se nega a caminhar, correndo o risco de necroses de pele ou irritações musculares. Ele se ausenta de si mesmo e se afasta de sua existência como espectador indiferente de um corpo que ainda lhe resta por algum tempo. Quando não há mais nada a perder, resta ainda a teimosia do corpo, ou, pior, a demência, que é outra forma de ausência (MAISONDIEU, 1989).

Geralmente a função fecal é uma das últimas resistências, a recusa de ser tratado como uma coisa, um contragolpe pelo qual o paciente devolve seu desprezo justamente aos que não suportam mais cheirá-lo em razão de seu estado. Uma vontade igualmente de apagar-se, de não ser mais responsável por nada, inclusive do mais elementar. A existência passa então a depender de uma fisiologia e não mais de uma psicologia ou de uma sociologia e o indivíduo se curva sobre si mesmo distanciando-se das turbulências do mundo. Ele transpõe as fronteiras do sentido compartilhado que permite a comunicação e o reconhecimento mútuo, abrandando inclusive qualquer controle sobre seu corpo, e notadamente sobre seu esfíncter.

Para além da depreciação descrita por F. Caradec (2008), existe um desapegar-se, um abandono do sentido para o indivíduo que não deseja mais incomodar-se, mas sem que ele tenha necessariamente o desejo de morrer nem a angústia da morte: trata-se de uma renúncia, de uma vontade de não mais dar continuidade ao esforço de viver. Ele não quer morrer, simplesmente não quer mais prolongar sua existência, e então se concede férias através da restrição mental de seu engajamento no mundo.

A famosa "síndrome do escorregão" das pessoas idosas nas casas de repouso traduz essa indiferença progressiva quando não se tem mais nada a salvaguardar: não querer mais alimentar-se, não deixar-se aproximar de ninguém, recusa dos remédios, em suma, desistência e rápida deterioração física como se qualquer esforço para manter o corpo em forma fosse excessivo. A rarefação do sentido não permite mais viver. Essa experiência pode ser coletiva. "Eu as vi envelhecer de repente: um dia, eu acabava de felicitá-las por parecerem tão jovens, tão espairecidas ou tão sapecas, mas era o primeiro dia delas, coisa normal. Um mês depois elas se contorciam na cama, enroladas em panos úmidos e espiralados, cercadas por barras metálicas, o corpo tentando evadir-se através de gigantescas contorções, a baba escorrendo pelos lábios e uma lamúria informe vindo de mais baixo ainda", observa C. Fellous, ao visitar sua mãe (1989: 83). Os estabelecimentos psiquiátricos também conhecem esses homens e essas mulheres eternamente sentados, olhos vazios diante da televisão em uma sala comum, ou movendo-se como fantasmas daquilo que eram em outros tempos, antes de engolir seus psicotrópicos. A ausência é a antessala da morte.

Alzheimer

Existem acontecimentos portadores de sentido e em interferências com a matriz da identidade do indivíduo que às vezes o arremessam para fora de sua rota anterior, tornando-o irreconhecível a si mesmo e aos outros. A experiência da dor frequentemente tem essa consequência, sobretudo quando, não obstante os remédios, ela persiste (LE BRETON, 2010). De igual modo, a doença, um acidente, uma separação, o luto. Às vezes o próprio sujeito desaparece como nas diferentes formas de demências senis, como o Mal de Alzheimer. A desistência de investimento no mundo exterior e a vontade de desaparecer assumem aqui sua forma mais radical. Em geral encontramos o montante da história pessoal de uma pessoa uma fratura em sua relação com o mundo, um acontecimento que fissurou suas bases identitárias e que atiçou seu desejo de desaparecer. Trata-se muitas vezes de uma ruptura radical do sentido da própria vida, mas pontual: um desemprego, uma aposentadoria, o falecimento de um parente ou de uma figura simbólica, a partida dos filhos, o abandono da própria casa ou apartamento para internar-se em um asilo, a mudança de residência, a hospitalização, a morte de um animal de companhia, enfim, alguma coisa que rompeu com o transcurso ordinário de seus dias (MESSY, 2002: 177). Às vezes esse deslizamento ocorre lentamente, e um acontecimento anódino pode fazer o copo transbordar. Às vezes nada se percebe, o apagamento é quase imperceptível, muito embora sua progressão não deixe de se intensificar. Assim, o espelho diante do qual a pessoa construiu sua unidade no dia a dia vai se embaçando, pouco a pouco se desintegrando, a ponto de o indivíduo não se reconhecer mais nele, e tampouco desejá-lo, já que se percebe dolorosamente distante do que foi e do que ainda acredita ser (LE BRETON, 2012).

A desconexão não é imediata, ela se escalona no tempo, indo de uma perda à outra e traduzindo-se em uma multiplicidade de sintomas disseminados ao longo da vida cotidiana: perda das chaves, aquisição de produtos desnecessários, esquecimento de encontros, travessia de longas fases de tristeza, de abatimento, sem, no entanto, excluir momentos de melhora, de estabilidade, de recuperações, somados obviamente a novas perdas. Às vezes a pessoa se torna irreconhecível, indiferente, embora volte regularmente a si. Ela pode atravessar períodos de branco, mesmo sem se afogar completamente neles. Pouco a pouco o sentido vai se esmorecendo de uma forma mais radical e o sentimento de si vai se enfraquecendo antes de desaparecer ou de reduzir-se a quase nada. A memória esporádica se altera, sobretudo a relacionada aos elementos da vida cotidiana: esquecer das caminhadas, não mais reconhecer uma pessoa encontrada poucos dias antes, deixar o gás aberto ou os pratos no micro-ondas... Paulatinamente as palavras se ausentam, a linguagem se deteriora, a capacidade de concentração e de atenção esmorece. Com o passar do tempo, a memória vai desaparecendo. A desorientação então aparece, os objetos e as coisas familiares deixam de ser reconhecidos, inclusive os mais íntimos. A ausência investe em novos domínios: esquecimento da morte de um próximo, às vezes ocorrida cinquenta ou sessenta anos antes, retorno de mímicas ou palavras infantis, reviviscência de antigos amores etc. Quando a pessoa cessa de tecer o relato que dá coerência à própria vida sua história implode a exemplo do contador de histórias cujo texto desapareceu de sua memória. A rememoração do passado e a antecipação são aniquiladas, ao passo que em princípio toda existência demanda a capacidade de mobilizar uma história pessoal ou uma projeção no tempo relacionada a um sentimento de si que implica um conhecimento de seu próprio passado para permanecer si mesmo, para reconhecer seus interlocutores ou controlar o emprego de seu tempo e projetos.

A memória interiorizada, a do corpo ou das ações da vida corrente, a das experiências acumuladas, nutre o sentimento de identidade. Ela se apoia sobre uma estrutura do hábito e continua ao longo do tempo, embora às vezes mude de significações. Se ela se desfaz, só resta no indivíduo uma memória residual, percepções e palavras ligadas a uma situação não mais religada ao tempo, fragmentos de memória flutuando não obstante a coerência da história pessoal. Uma pessoa tomada pela doença do Alzheimer conhece uma profunda alteração de sua memória e de sua capacidade de pensar nos quadros do vínculo social, tornando-se dependente inclusive de gestos elementares da vida cotidiana como comer ou lavar-se, movendo-se em outra dimensão da existência corriqueira. Ela não vive mais na historicidade dos acontecimentos, mas em uma sucessão de momentos díspares, sem sequência lógica. Sua memória se retalha em fragmentos que nada mais a religa. O que ela não vê mais não existe mais. Não existe mais nem começo nem fim, mas um imediato com lembranças flutuantes sem a "presença" da pessoa que os cristalizava em sua história. Seus espaços mais familiares se lhe tornam estranhos, ela deambula sem fim como se não soubesse mais para onde ir. O pensamento se torna incoerente. A linguagem se desagrega, perde sua dimensão de reciprocidade. Manifestações de angústia começam a surgir. O deixar-se ir se aprofunda. Nem o espaço nem o tempo fazem mais sentido. Às vezes até a memória do corpo se desfaz e deixa lugar a transtornos de linguagem, a uma hipertonia muscular, a uma agitação motora, a um relaxamento do esfíncter...

A pessoa desiste de investir no mundo exterior e se retrai sobre si mesma, ela rompe o contato já que no mundo ela não encontra mais seu lugar e suas significações se apagam. O pensamento não deixa de existir, mas a linguagem fracassa ao tentar encontrar um caminho em meio ao caos interior para formulá-lo aos outros. A doença do Alzheimer é uma deserção, um branco que afeta a pessoa sem que ela possa evadir-se. O indivíduo levou a seu termo o desaparecimento de si e não tem mais contas a prestar a um mundo que não mais compreende ou não quer mais compreender. "Essa não é mais a mulher que sempre vi como superior a mim, e, no entanto, sob sua imagem desumana, por sua voz, seus gestos, seu riso, continuava sendo, mais do que nunca, minha mãe" (ERNAUX, 1997: 13). O esforço de viver torna-se demasiadamente pesado e o indivíduo desiste de assumi-lo. "Ela construiu uma muralha diante dos outros. Perde todos os pertences pessoais, sem jamais procurá-los. Lembro-me de seu outrora desesperado esforço para encontrar seu *kit toilette*, quando ainda apegada ao mundo através das coisas. Essa atual indiferença corta-me o coração. Ela não tem mais nada. Seu relógio e seu perfume desapareceram" (ERNAUX, 1997: 35). A pessoa não se reconhece mais, mas sem dar-se conta, pois é a única a não o saber. Não consegue mais tomar nenhuma decisão sobre si.

O indivíduo que sofre a doença do Alzheimer se despoja do que o tornava singular e ativo nos movimentos do mundo. Antes mesmo de morrer ele se separa dos seus. Ele congela o tempo e se mantém em uma espécie de estase. O passado deixa de existir, tampouco o futuro, só resta o congelamento do instante. Então esse indivíduo desliza na indiferença para não se matar. Embora continue o mesmo, não está nem aí para ninguém. Às vezes ele se lembra de algo que se passa à sua volta, e desse sentimento de estar sobrando, mas logo é vencido pela vontade de silenciar esse pensamento.

As significações ligadas às mínicas, aos gestos, parecem persistir, mas despropositais ou defasadas, ou não atribuídas à pessoa certa. As ritualidades próprias à vida comum se deterioram, assim como as maneiras de se vestir, de se comportar, de falar com os outros. O portador de Alzheimer não teme mais a nudez diante dos outros, as palavras ou gestos obscenos, o fato de comer sua comida com as mãos ou servir-se do prato de quem está ao seu lado... Ele abandona o mundo da comunicação ordinária e se refugia em uma dimensão em que o acesso não é mais possível pela linguagem ou pelos gestos de outrora. "No momento, diz P. Pachet de sua mãe, não posso mais estar com ela, tampouco perto ou ao lado dela. No estado em que ela se encontra o que posso esperar ao visitá-la é que ela olhe na minha direção, mesmo sem realmente me reconhecer, e que me permita estar diante dela, falar-lhe, para despertar nem que seja brevemente sua capacidade de imitar uma conversação [...]. A dimensão na qual ela se encontra, quando deitada ou sentada, eu não poderia denominá-la 'espaço' ou 'tempo'. Aquilo não é direcionado, nem leva a parte alguma, nem mesmo à morte" (PACHET, 2007: 7-8). Ela vive em outro espaço, em outro tempo, em outra dimensão do real que não se relaciona mais com os códigos correntes que permitem falar ou interagir com os outros de uma forma mais ampla. A doença do Alzheimer elimina as camadas de sociabilidade e despoja a pessoa tanto do uso quanto da compreensão das convenções sociais. Restam apenas simulacros, fragmentos desacoplados do contexto, flutuando como destroços de uma casa boiando em um rio. Permanecem apenas alguns blocos erráticos de antigas conversações; os fios da memória são rompidos. C. Fellous parte por alguns meses e, ao voltar, ela diz de sua mãe: "Não a reconheci. Eu a havia perdido e ela estava perdida [...]. Eu não compreendia mais nada. Encontrei-a com manteiga espalhada pelos cabelos, com bitucas de cigarro no sutiã, vagueando da cozinha ao quarto, com os olhos esbugalhados, os móveis da casa todos deslocados" (FELLOUS, 1989: 35). Embora não pare de falar, as frases de uma pessoa demente são desconexas. Ela não possui mais as chaves que dão unidade à sua história, que religam seus episódios em termos de história de vida. Ela vive cada fragmento como que fechada em si mesma, como uma totalidade que imediatamente se apaga em benefício da seguinte, mesmo continuando a apreciar muitas coisas da vida e sendo penosamente afetada por outras. O demente está sempre presente, mas mergulhado em outra dimensão do real; sua existência é radicalmente redefinida em relação à sua história.

Morte simbólica por desaparecimento de si. Estrangeira de si mesma e aos seus, reduzida a algumas expressões, a alguns gestos, privada de memória, a pessoa entra em uma *no men's land*. Os próximos se esgotam para manter a relação e o amor vivos, vigiando-a permanentemente se ela é suscetível de cometer algum gesto perigoso para consigo mesma ou contra os outros, mas o acompanhamento é doloroso em razão de suas frequentes incontinências, da perda de todo controle muscular, de sua involução orgânica, e da emergência às vezes inesperada de uma atitude colérica, agressiva, obstinada... Eles são às vezes levados ao extremo por esse "outro" que os devora e que não passa de uma sombra trágica da antiga pessoa amada. No filme de M. Hannecke, *Amour* (2012), o velho homem, destruído por sua impossibilidade de ajudá-la, asfixia sua esposa por amor e desespero. A mesma tentação atravessa às vezes algumas pessoas que se esgotam e acabam desistindo de seu próximo e, não sem remorso, buscam um lugar de acolhida, já que o cuidado lhes é uma tarefa demasiadamente pesada. Muitos o fazem logo que a situação aparece, já que não suportam ver a degradação da pessoa acentuar-se cotidianamente.

A doença do Alzheimer transforma a pessoa amada, mesmo a mais próxima de si, em um personagem desconcertante, trágico. A mãe, o pai, o marido ou a esposa se tornam radicalmente estrangeiros. As referências afetivas caducam: a mãe não compreende mais os gestos de ternura do filho e passa a vê-lo como um desconhecido, a esposa rejeita seu marido com horror, o reconhecimento dos próximos se interrompe, as referências ao tempo e ao espaço se desconectam da memória. Essa doença induz à regressão, a um retorno à infância, com os mesmos comportamentos lúdicos e as mesmas regressões em termos de controle de si. "Ela voltou a ser criança; mas, infelizmente, não crescerá mais" (ERNAUX, 1997: 105). As camadas do tempo se misturam em todos os sentidos. O deslocamento da memória da pessoa doente acarreta a deterioração das histórias individuais e a de seus próximos. Quando a mãe não reconhece mais seus filhos, torna-se difícil o compartilhamento das lembranças ou dos acontecimentos atuais. A insuficiência da linguagem implica grandes silêncios e um corpo a corpo, mas tais proximidades geralmente são recusadas, já que o enfermo não compreende essa ternura da parte de um homem ou de uma mulher que não mais reconhece.

S. Rezvani descreve com dor os últimos anos de sua companheira Lula: "Ah, como eu a desejo, minha apaixonada de outrora! A de agora, porém, ela me desseca, já que nela havia outra coisa, que já não existe mais". Lula se ausenta de si mesma ignorando as transformações que a afetam e a desorientam. "Uma doença sem esperança de cura já não é mais uma doença... tampouco um pesadelo. E a generosa promessa de uma 'morte sem cadáver' lançada por essa grande neuropsiquiatra parisiense, há alguns meses, equivale a uma dupla condenação da qual decidi me defender" (REZVANI, 2007: 17). Lula chega a confundir seu marido com sua mãe, misturando os gêneros, os nomes, os rostos... "Ela quer ir para casa, isto é, encontrar seu pai, com quem outrora estava em conflito, e sua mãe, mergulhada perdidamente em uma infância em que acredita estar". Se sua memória enfrenta problemas, o mesmo ocorre com seu corpo, em muitos episódios da vida cotidiana:

"À noite ela quase não dorme mais, pois se engasga e se afoga em sua saliva. Devo virá-la de lado continuamente. Ela tosse como se tivesse os pulmões cheios d'água" (REZVANI, 2007: 54). Após o desaparecimento de Lula, Rezvani se interroga: "Levando dez anos para afastar-se de mim, para, por assim dizer, abandonar na ponta dos pés sua semelhança ideal, sim, para abandonar a mulher inteligente e bela que fez de minha vida um mar de felicidade, ela sem dúvida quis que eu vivesse depois dela, que a carregasse viva em mim até à morte. Ela me conteve de um fatal suicídio ao qual me teria fatalmente abandonado se ela tivesse sido vítima de uma morte violenta enquanto vivíamos os tempos de nosso esplendor amoroso" (REZVANI, 2007: 188). A doença de Alzheimer talvez seja de fato para alguns uma maneira de abandonar o mundo e seus próximos dando-lhes tempo, preparando-os para a sua ausência, não estando mais envolvidos na própria existência, mas colocando-a nas mãos dos outros.

O Alzheimer – ou outras demências senis – é uma ruptura relativa à continuidade de si, a transformação do indivíduo em um arquipélago sem fim de imagens díspares e de palavras cuja ordem está sempre embaralhada. Não existe mais ninguém para garantir uma presença consciente e contínua. Mesmo se os próximos continuam sentindo uma espécie de consciência residual como o exprime J.-P. Vernant em relação à sua esposa: "Estou convencido de que, para o portador de Alzheimer, o fato de estar ao seu lado, não só espacialmente, mas afetivamente também, os contatos, a palavra, tudo isso desperta um eco no interior de um personagem que tem uma história e um desenvolvimento psíquico singular [...]. Acredito, aliás, estou certo de que os contatos, o fato de lhe falarmos, mesmo que a pessoa pareça estar alhures, ressoa interiormente, creio que ainda exista alguma coisa" (in: GZIL, 2009: 230). Mas a pessoa está na outra margem, o vocabulário para nomeá-la ou falar de suas sensações se torna incerto, indeciso. Como o escreve O. Rosenthal, "é necessário fazer um esforço de esquecimento, de separação, separar o que pertence ao hoje e o que pertence ao ontem. Separar o indivíduo que amamos daquele que acabamos de visitar, sem excluí-lo do amor. Manter o amor sem separar. Tarefa impossível essa: manter o amor, separar" (2007: 163). A fratura é nítida, o outro desapareceu, só resta seu corpo reconhecível, mas desabitado. Diante de sua companheira, a romancista britânica Iris Murdoch, enclausurada em um mundo inalcansável, J. Bailey se pergunta: "Quem é essa *ela* que fez sua aparição e com quem os outros e eu mesmo somos de uma familiaridade tão desagradável? Nós somos familiares porque a vemos de fora. Minha mulher tornou-se um pronome: '*ela*'" (BAILEY, 2000: 214).

S. de Beauvoir relata o testemunho de uma mulher: "Sentindo-se loucamente infortunada e arrasada diante da ideia de ver-se paulatinamente envelhecida [...], ela desiste de tudo. Não se veste nem se desveste mais; vagueia o dia inteiro como um animal encurralado, gemendo, arrastando consigo uma dor que não lhe afeta parte alguma [...]. E ela começa a não nos reconhecer mais, a não mais se lembrar de seu passado, não porque seu cérebro vacile, mas por não querer mais" (DE BEAUVOIR, 1970: 303). Tentativa de abstrair-se de uma situação dolorosa pela recusa de participar da vida social, pela eliminação de tudo o que se refere ao vínculo social que atualmente aprisiona a uma identidade rejeitada. Na impossibilidade de ser ela mesma, a pessoa se destrói tentando eliminar de si as referências que possibilitam seu reconhecimento individual e social, fugindo de qualquer identificação que a instale em uma identidade rejeitada, mesmo inconscientemente. Ela desconstrói seus vínculos elaborados ao longo da existência, seus interesses, seus valores, seus hábitos. Desfecha sua história deixando de investir em si mesma. É de sua própria pessoa que ela pretende se livrar, através de um distanciamento radical. Doravante ela não está mais nem aí...

A doença do Alzheimer é uma espécie de desaprendizagem dos dados mais elementares do sentimento de si e da interação com os outros, ou do movimento da vida cotidiana, da linguagem, da inteligência do corpo, do tempo, do espaço. É a entrada em uma terra definitivamente estrangeira, um desapegar-se sem volta. A pessoa se ausenta como se estivesse nos bastidores de si mesma para não ter de apresentar-se diante da cena social. Ela não quer mais apresentar-se, e, pouco tempo depois, mesmo que o queira, já não consegue mais fazê-lo.

Somente as formas mais precoces de demência, as que ocorrem entre os quarenta e sessenta anos, dependeriam de um domínio genético comprovado. Se algumas demências sem dúvida se baseiam em danos cerebrais, a lesão também pode ser consequência de um desapegar-se, e não sua origem, como se o indivíduo indiferente à sua existência doravante deixasse de solidarizar-se com seu cérebro e abandonasse seu corpo pela renúncia do esforço pessoal. Muito já se falou sobre a disparidade entre as lesões anatômicas cerebrais e as deficiências, sobre a impossibilidade de explicar a doença do Alzheimer como simples destruição das células. Além disso, melhoras provisórias aparecem, momentos de lucidez ou reaparecimentos de memória surgem. A hipótese orgânica pode ser um engodo, uma maneira cômica de tranquilizar-se e de apresentar a inevitabilidade da situação.

Neste sentido o diagnóstico da doença do Alzheimer pode ser vivido pelas pessoas mais próximas como um alívio e como uma forma de desculpabilização. Tratar-se-ia de uma doença, portanto, de um infortúnio, mas sobre o qual ninguém tem poder (LE RU, 2008). Entretanto, esse estado não significa absolutamente que o cérebro não funcione mais, mas que o sentido que ele dava à vida em todas as dimensões do corpo e da relação com o mundo não está mais presente por uma espécie de "decisão" da própria pessoa se ela se deixa imergir totalmente. O desmoronamento físico engendra o desabamento somático, e rapidamente a morte[10]. "O que faria a especificidade da demência não seria um transtorno da identidade antes que a importância dos défices? Seja como for, é óbvio que devemos compreender a síndrome da demência como uma inter-relação entre o acometimento orgânico e a personalidade" (BALIER, 1979: 173; LE RU, 2008). O Alzheimer não é nem uma doença totalmente neurológica, nem uma doença totalmente mental, nem uma dimensão totalmente pessoal; uma influência mútua se exerce e contribui para uma alteração da relação com o mundo. A pessoa continua tendo uma subjetividade: sente emoções, prazeres, frustrações, e continua emitindo juízos de valor. Mesmo desacoplada de sua história e tendo se tornado outra, ela dispõe de uma capacidade de autonomia em um registro próprio (COLLAUD, 2003; GZIL, 2009; JAWORSKA, 1999; POST, 1995), embora tomada por um desejo de esquecimento, de renúncia à memória e à continuidade de si. A consciência não é o conjunto da pessoa, a alteração de sua memória não a priva de sua pertença à comunidade, mesmo estando em outro universo de sentidos.

A complacência somática evocada por Freud é a consequência da força simbólica que marca a condição corporal. A somatização é frequentemente uma semantização (LE BRETON, 2011), traduzindo a porosidade da carne e do sentido. Para além de sua

---

10. Sem dúvida, meu propósito aqui não se refere às demências claramente associadas aos danos cerebrais, a uma deterioração orgânica devida a patologias constatadas (FERREY & LE GOUÈS, 2008), mesmo se convém interrogar-se sobre o fato de os doentes não entrarem no agravamento de sua patologia simultaneamente, nem com a mesma intensidade. O sentido da existência também está presente como uma barreira protetora, mesmo se esta última não é eterna e se desgasta pouco a pouco com o avanço da doença.

consciência reflexiva, o indivíduo fabrica as condições de algumas patologias, pois vive da necessidade interior de apoiar-se nessas provações para continuar existindo, particularmente no momento em que se desencadeia o sentimento de seu envelhecimento e sua fadiga crescente em assumir o peso de seu cotidiano. Assim, inconscientemente ele provoca sua própria ausência, se retira de seu personagem para não mais ser afetado pelos outros, mesmo os mais próximos, para não carregar mais a responsabilidade de uma vida na qual pensa não ter mais espaço.

Entretanto, mesmo se a pessoa entra na renúncia, tampouco ela se estabelece por lá, muito embora com uma identidade de outra ordem, agora difícil de nomear. O demente sempre participa da comunidade infinitamente variada dos vivos, mesmo se as palavras fracassam ao tentar dizer onde "ele" está. Ele possui uma percepção própria do mundo circunstante, dele participa plenamente, mesmo sem assumir sua identidade aos olhos dos outros. Ele aprecia as pequenas coisas da vida, mesmo não interligando mais o ontem e o hoje, parecendo ter perdido os traços da pessoa que foi. Seus comportamentos têm uma significação, mas cuja chave geralmente não funciona mais para os outros. Às vezes a pessoa é audível, compreensível, em seguida se torna hermética, caótica, desafiando assim qualquer forma de previsibilidade: "modo de comunicação paradoxal", diria Ploton (1990: 179). Mas seus cuidadores ou membros da família sabem que às vezes o demente sai de seu universo interior para fazer um discurso coerente, por vezes acompanhado de excepcional lucidez.

Acompanhar o distanciamento

O diagnóstico de demência nesse contexto funciona como uma imposição de uma condição. Ele mal pode ser revelado, já que impedido de qualquer outra possibilidade de evolução. Através do tratamento médico e social, essa condição fecha a pessoa em um destino. É uma profecia que só pode ser acolhida. A pessoa não tem mais escolha, tampouco os meios de inverter as atitudes a seu respeito dos que interiorizaram esse diagnóstico e não cessam de querer confirmá-lo, mesmo sem sabê-lo. A não ser que o terapeuta recuse esse olhar e considere sempre a pessoa como digna de uma reciprocidade e de um encaminhamento terapêutico (MAISONDIEU, 1989; MESSY, 2002; PLOTON, 2004). Obviamente, o desaparecimento de si é irreversível, aproximar-se do antigo sentimento de identidade é sem dúvida fadado ao fracasso, mesmo se uma presença familiar ou social e cuidados eficazes desacelerem sua progressão. Muitas medidas de prevenção são tomadas quando os primeiros sinais aparecem, e não somente em matéria médica, mas também por intervenções relativas ao ambiente, aos próximos ou à própria pessoa, a fim de estimulá-la a mobilizar todos os seus recursos. Trata-se de freios à tentação do desligamento, de apelos para que a pessoa não desista de si mesma.

Se a pessoa reconhece essas iniciativas, as valoriza, e busca romper sua progressão ao perceber-se valorizada em sua existência, o desaparecimento de si é suspenso, ou o tempo de um último desinvestimento da existência é desacelerado. Essa atitude de abertura, de apoio vital para com uma pessoa que parece não estar mais presente, implica considerar a demência não como irreversível, tampouco como incurável, mas como outro estado de uma identidade suscetível de retrocessos (MAISONDIEU, 1989: 30s.). A pessoa deve permanecer até o fim uma interlocutora, e envolvida no processo de reconhecimento de seu entorno. Seu distanciamento do vínculo social e sua invisibilidade psíquica não impedem o acompanhamento, o cuidado, o amor, uma qualidade de presença à sua cabeceira. A rapidez da evolução deficitária em parte tem a ver com a convicção dos cuidadores ou dos familiares de que não há mais nada a ser feito. Obviamente, o acolhimento das instituições é desigual segundo o valor dos estabelecimentos e dos cuidadores que neles trabalham e de acordo com a preocupação ou não em manter a autonomia do paciente e seu sentimento de identidade anterior. O desafio, quando assumido, implica o paradoxo de dever lutar às vezes contra o próprio idoso, quando ele rejeita os cuidados ou as atenções, preferindo deixar-se levar pela situação.

A ausência de qualquer reconhecimento social nos estabelecimentos onde a pessoa é acolhida leva à ocultação do rosto, sinal eminente da pertença ao grupo. Diante do espelho, a pessoa devolve sua indiferença ao mundo por seu grau zero de sedução e expressividade. Mas o próximo ou o cuidador que para diante desse rosto e o reconhece em sua plena humanidade restabelece sua pertença ao vínculo social. Ele devolve o valor intrínseco da pessoa, sua dimensão sagrada. E a idade e a condição depreciada tendem então a ser ocultadas. Para desdobrar um rosto fechado, mudo, às vezes é suficiente a presença de outro rosto. Daí a importância dos salões de estética que permitem que a pessoa cuide de sua aparência; ou aquela, mais decisiva ainda, desses mesmos gestos feitos pelo cuidador ou por um membro da família quando a pessoa é totalmente dependente. Agindo positivamente no sentimento da aparência da pessoa, se favorece seu retorno a um narcisismo elementar do qual pouco a pouco ela se havia desligado. Estabelecendo o valor da relação consigo mesma, abstrai-se a pessoa da indiferença em que mergulhou. Restaurando um valor ao rosto, reconstitui-se provisoriamente o sentimento de identidade da pessoa (LE BRETON, 2012).

As equipes que assumem a pessoa idosa em um serviço de longa ou média duração tornam crível a tentação da ausência ou, ao inverso, a desaceleram, e até mesmo a neutralizam por uma atitude calorosa. Essas equipes têm o poder de contribuir na restauração do sentido. Muitas ações são possíveis, mas exigem paciência e criatividade: devolver à pessoa idosa sua identidade chamando-a pelo nome, buscando reconstruir assim o rumo de sua vida; favorecer a continuidade das relações familiares ou as amizades; adaptar o espaço da instituição de modo mais personalizado criando lugares que favoreçam os intercâmbios; promover uma política do movimento para limitar a permanência da pessoa na cama ou estimulá-la a andar; cuidar de suas roupas, penteado e aparência para restaurar o narcisismo; reintroduzir o sentimento do prazer na vida cotidiana; favorecer o contato cuidador/cuidado nos dois sentidos; promover encontros com jovens estudantes vinculados aos programas de história ou de geografia; alimentar uma memória das relações sociais; favorecer a animação interna convidando músicos, comediantes, palhaços etc. (SEBAG-LANOË, 2001)[11]. Obviamente, nada é conquistado para sempre. Não obstante todos os esforços, apesar do amor dispensado e de uma engenhosidade constante, às vezes a pessoa pode manter-se entre seus próprios "muros", seja por recusar a tentação de retornar ao vínculo social, seja porque se sente incapaz de responder a estas expectativas.

---

11. Conhecemos igualmente o poder evocativo do canto ou da música para as pessoas dementes. "Tendo visto pacientes profundamente dementes chorar ou tremer ao ouvirem uma obra musical que jamais haviam ouvido antes, escreve O. Sacks, penso que eles são capazes de experimentar toda uma gama de sentimentos que nos comovem [...]. Para eles a música não é um luxo, mas uma necessidade, e ela tem um poder superior aos demais poderes de devolvê-los a si mesmos e aos outros, ao menos por alguns instantes" (SACKS, 2009: 458-459).

5 Desaparecer sem deixar rastros

> *Que tudo seja branco a fim de que tudo seja nascimento.*
>
> Jabès. *Le Livre des marges.*

Ausentar-se

Uma estada alhures, por ocasião de uma folga ou de uma viagem, pode dar um contorno geográfico às férias de si e oferecer uma maneira homeopática de, por alguns dias ou semanas, desfazer-se das exigências da vida profissional, pessoal ou familiar. Momento de suspensão das coerções habituais da identidade, espaço onde os papéis são reorganizados com atores diferentes em um contexto onde tudo é possível, já que cada indivíduo escolhe seu modo de ser sem que ninguém o conheça ou se surpreenda ou o repreenda por suas posturas ou comportamentos. Trata-se de um momento de parêntese, de uma espécie de recreação social onde os papéis costumeiros cessam de reger a vida cotidiana a fim de privilegiar uma breve liberdade de movimento. Por exemplo, ninguém sabe o que pode acontecer ao se deparar com um viajante, um caminhante, um mochileiro (LE BRETON, 2012), a menos que espontaneamente ele revele informações sobre si mesmo, embora possa continuar anônimo em seus intercâmbios, não precisando revelar seu estado civil, sua história pessoal, ou inventar-se um personagem ideal. Não raro, mochileiros tradicionais, peregrinos que caminham para Compostela ou alhures, ou caminhantes ocasionais, acabam se cruzando em albergues ou pousadas, às vezes ignorando quem realmente são, mesmo depois de terem estabelecido fortes vínculos de amizade. A história pessoal assume um plano secundário. Cada qual decide ou não revelar um ou outro aspecto que o preocupa, ou do qual pretende livrar-se. Nenhuma barreira social ou cultural impede o desenvolvimento de encontros ou amores.

Trata-se de um desaparecimento provisório e controlado que não rompe com os vínculos, mas que autoriza um pequeno descanso. A libertação do olhar dos outros que gravitam na esfera dos conhecimentos habituais relaxa as imposições próprias à vida corrente onde é difícil demitir-se de sua posição social, de suas relações de amizade ou vizinhança, dos laços familiares, de uma história indesejável.

Quando todos os que são suscetíveis de reconhecer determinado indivíduo estão longe, tudo se torna possível. Seus deslocamentos nas ruas não correm mais o risco de serem interpretados, já que está distante do cenário social no qual o exercício de seu papel era representado. Diante dos desconhecidos, ele não necessita mais manter o personagem que normalmente representa na vida cotidiana, ele se coloca fora da vida social, redefinindo assim suas funções. Assim, N. Bouvier faz das viagens "um exercício de desaparecimento" (1992: 153). A estrada transforma efetivamente o viajante em desconhecido, coagindo-o apenas a apresentar o passaporte nas fronteiras, quando é exigido. Quanto ao resto do tempo, ele só precisa prestar contas a si mesmo. No *Le poisson--scorpion*, mergulhado em uma longa sonolência que aniquila sua personalidade, afogado em um branco atravessado por picos de dor, ele escreve: "Cortei nesta manhã a barba que não fazia desde o Irã: o rosto que debaixo dela se escondia praticamente desapareceu. Está vazio, liso como um seixo, um pouco amarrotado nas extremidades. Nele só percebo esse desgaste, uma réstia de espanto também, uma questão que ele me coloca com uma polidez alucinada cujo sentido não estou certo de compreender. Quantos anos ainda para ter pleno conhecimento desse *eu* que faz obstáculo a tudo? Ulisses não poderia ter sido mais convincente ao pôr a mão na trombeta para urrar ao Ciclope que ele se chamava 'Pessoa'" (BOUVIER, 1982: 60-61). Alguns desaparecem em viagens mantidas em segredo para eliminar o risco de indiscrições, sem revelar a ninguém sua destinação (URBAIN, 2002). Outros sabem que uma mudança de cenário, mesmo em uma cidade próxima, é suficiente para propiciar-lhes o alento desejado. Posteriormente voltam descansados e prontos para reassumir seus engajamentos sociais. Ou decidem deslocar-se para outras paragens, sem jamais retornar.

De maneira mais breve, mas eventualmente cotidiana para alguns, o mundo da noite serve para quebrar o espetáculo das aparências a fim de acolher passageiramente metamorfoses, mudanças lúdicas de identidade, de gênero, deambulações que autorizam a evadir-se das civilidades próprias à história oficial de si.

Mas as férias de si podem prolongar-se, e a viagem transformar-se em um domicílio alhures, uma possibilidade de renascimento. Às vezes a tentação de desaparecer, de não precisar mais carregar as coerções da própria identidade, é irresistível, a ponto de o indivíduo abandonar tudo e levar às últimas consequências seu sonho de desaparecer de vez. O psicanalista C. Melman menciona uma patologia encontrada recentemente no Brasil: uma amnésia persistente da própria identidade. Os indivíduos vagueiam, "sem lenço nem documento", sem saber quem são, tampouco de onde vêm ou para onde vão (2009: 77). Quando a evidência de viver se retrai, e a existência se transforma em fardo demasiadamente pesado, esvaziar-se de si para recomeçar alhures pode transformar-se em uma necessidade interior, mesmo com o risco de ter de recomeçar a própria vida do zero.

Desaparecer outrora

Em circunstâncias históricas diferentes em que as fronteiras só existem em formas mais simbólicas, homens, e às vezes mulheres, passam de um mundo ao outro mudando radicalmente de identidade. Eles adotam outra existência, outra língua, assumem outro nome, se transformam em "desertores" (BELORGEY, 1989). Só evocarei aqui algumas imagens emprestadas dos séculos XVIII-XIX. Por exemplo, caçadores estabelecem vínculos com vilarejos autóctones, casam-se com mulheres do local, mas chegam a abrir fogo contra outros índios desconfiados ou espantados pela irrupção de um intruso em seu território de caça, do qual não compreendem nem a língua nem a aparência. Eles adotam a maneira de viver e de pensar locais, partilham atitudes e valores, e deixam descendência. Às vezes lutam contra outros brancos atraídos por peles de animais à venda nos vilarejos. Alguns são vítimas de raptos, são feitos prisioneiros por ocasião de enfrentamentos ou vítimas de naufrágios, mas todos detestam voltar à "civilização". Os "índios brancos" (JACQUIN, 1987), vindos da Europa, dão esse passo e se instalam nos vilarejos indígenas a fim de facilitar os intercâmbios dos comerciantes europeus que compram a preços baixos peles de animais mortos por caçadores. Os intérpretes se familiarizam com os costumes indígenas, organizam caças com armadilhas em função do preço das diferentes peles, favorecem em seguida o contato com os compradores, aprendem a língua dos autóctones e buscam assemelhar-se a eles. Às vezes se estabelecem junto ao grupo local, participam das lutas internas entre as diferentes tribos, fundam uma família e não se limitam mais à simples função de intermediários. Passam a fazer parte do grupo, remam canoas rios afora, se deslocam na neve com seus patins e viram exímios caçadores se embrenham sempre mais profundamente em uma terra desconhecida, mas com recursos inesgotáveis, cujos obstáculos aprendem a flanquear tornando-a uma aliada. A *wilderness* [vida selvagem] vai relevando-lhes seus segredos.

Esses emboscadores de animais sabem se defender das asperezas do clima, dos rigores do frio, da hostilidade dos lobos ou ursos que povoam esses territórios. A independência obstinada enxerta esses homens à natureza da qual retiram os elementos indispensáveis à sobrevivência. Imersos em solidão infinita, em uma realeza sem comparação, aprendem a deslocar-se na imensidão sem fim: percorrem florestas, rios e lagos, avistam tropas de bisões, emboscam animais para vestir-se com suas peles ou vendê-las. A decisão de sempre seguir em frente não tem limites: dessa forma chegaram à região dos Grandes Lagos, desceram em direção ao Mississipi, ou ao Missouri. Caças e explorações se entrelaçam, muito embora essas pessoas geralmente não saibam nem ler nem escrever, guardando para si o privilégio de suas descobertas. Somente o testemunho de uma tradição oral favorece entre os caçadores uma comunicação que lhes permite encontrar-se em determinado lugar.

As autoridades coloniais os desprezam, buscam em vão utilizar sua mobilidade e convencê-los a tomar posse dos territórios que "em nome do rei da França" atravessam. Em seu tempo, Colbert lembra a dificuldade de controlar essas terras tão dispersas cuja fixação nelas se torna difícil. Esses caçadores não deixam pista alguma. Livres de qualquer coerção, eles carregam apenas o nome que se dão, gozando de rara liberdade. O poder central suporta mal esse nomadismo, esse sabor desenfreado pela independência, espantado por não reconhecer mais esses antigos europeus. Estes são tão próximos dos índios que, para as autoridades, eles não passam de mão de obra servil. A adoção do modo de vida indígena pelos exploradores de florestas abre uma brecha antropológica: promete uma irresistível tentação de imitar os que ainda se agarram à terra como a um colete salva-vidas.

As autoridades multiplicam ameaças contra eles, buscam acabar com o mau exemplo que dão aos que colonizam sabiamente o país. Essas mesmas autoridades os estigmatizam tratando-os como corrompidos, desprezando seu modo de vida, ridicularizando-os por suas maneiras indígenas de viver; tentam casá-los com europeias a fim de fixá-los nos vilarejos de onde não sairão mais; fazem uso da autoridade de sacerdotes para afugentá-los da vida pouco cristã que levam na *wilderness*; proíbem os colonos de afastar-se por mais de 24 horas dos vilarejos; repatriam os que se revelaram inflexíveis, mas que tiveram a desdita de serem recapturados. Se, não obstante tudo, retornam à vida errante, uma milícia é enviada ao encalço desses renegados que não souberam resistir ao chamado do Oeste. Um administrador francês declara que esses exploradores de florestas "realizam um verdadeiro ofício de bandido"; outro, fazendo eco, acrescenta que "são vagabundos que não se casam, que não trabalham no cultivo das terras, principal ocupação de um colono, e que cometem uma infinidade de desordens por sua vida licenciosa e libertina. Esses homens vivem sempre à maneira dos selvagens deslocando-se cinco ou seis léguas de Quebec a fim de negociar peles" (in: JACQUIN, 1987: 160).

Os estados ou seus servidores sempre ficam alarmados com a tentação nômade que afasta os homens de suas antigas responsabilidades[12]. No século XIX, no próprio coração das cidades euro-

---

12. Assim como os llaneros do Orinoco, os gaúchos dos Pampas, os marinheiros desertores que adotam os costumes insulares no Pacífico ou nas Antilhas dos

peias, "centenas de homens desertam o domicílio conjugal para peregrinar a esmo, esquecendo inclusive a existência de seus filhos, para finalmente se estabelecer alhures a fim de exercer outro ofício e com outro nome" (ARNAUD, 2006: 396). A época é ainda propícia ao desaparecimento voluntário, já que a administração ainda não estabeleceu seu controle completo sobre o conjunto do território e sobre o tecido social, mas com o passar do tempo os desaparecimentos vão se tornando sempre mais difíceis, visto que documentos de identificação de toda sorte aos poucos vão bloqueando qualquer forma de nomadismo.

Desaparecer hoje

Podemos nos tornar estrangeiros a nós mesmos entre um compromisso e outro, entre uma demissão e outra, mas levando a vida sem mudar de rumo. Alguns criam uma ruptura e passam a viver no campo, ou se demitem do trabalho, se separam da companheira, abandonam a família, e assim tentam reatar com o sentido da própria existência recomeçando alhures. Se alguns se contentam em manter uma distância de si permanecendo onde estão, mas organizando um universo de afastamento e solidão, outros preferem distanciar-se espacialmente a fim de romper definitivamente com a pessoa que representam para os outros. Por múltiplas razões, escolhem desaparecer radicalmente sem deixar endereço nem a menor pista, estabelecendo-se alhures, ocultando a própria identidade ou redefinindo-a, às vezes recasando-se e constituindo nova família. O desejo de desaparecer às vezes corresponde ao desejo

---

quais falam H. Melville ou R.L. Stevenson, os milhões de imigrantes europeus que abandonam a velha Europa no início do século XX e se estabelecem nos Estados Unidos. Mas este não é o objetivo deste livro.

de afastar-se de uma rede de sociabilidade para reiniciar de outra forma a própria existência. Desfazer-se dos antigos compromissos tornando-se outro personagem em outra região, em outro país, em outro continente, mudando o estado civil ou, se as chances de ser reconhecido forem raras, conservando-o. Às vezes trata-se de fugir da justiça, de credores, do sentimento de asfixia da vida de casal, de família, de trabalho, ou para satisfazer velhos desejos longamente ocultados, e encetar assim um ciclo de existência nada devedor ao antigo, vivendo uma espécie de morte e renascimento simbólico.

H. Prolongeau, em sua vasta pesquisa feita junto aos "desaparecidos" ou seus familiares, percebe às vezes "boas" razões, para ele ao menos, de alguns desaparecimentos, sobretudo quando se trata de fugir da justiça. Outra observação é que nem sempre se trata de homens ou mulheres felizes com sua família ou próximos. As relações conjugais eram às vezes difíceis, asfixiantes, e os pais muitas vezes controlavam excessivamente os feitos e gestos do filho ou da filha etc. (PROLONGEAU, 2001: 68). H. Prolongeau conta a história de pessoas desejosas de fugir, por exemplo, de um contexto conjugal infeliz, que partem no calor do momento após uma querela qualquer, sem saber direito se voltarão, mas que alguns dias ou semanas depois retornam, em consequência de uma análise mais tranquila do ocorrido e após colocar os sentimentos e as emoções em seu devido lugar. Outros jamais regressam. Às vezes reiniciam outra vida a apenas algumas dezenas de quilômetros de onde moravam. Outros planejam longamente sua partida, esperando o momento propício para desaparecer. Um belo dia somem, para o espanto dos seus. Muitos exemplos atestam a evidência de que uma pessoa feliz não teria nenhuma razão de desaparecer. Desaparecer reenvia à tentativa de livrar-se de uma versão de si já desgastada, difícil de ser assumida ou excessivamente rotineira. O sentimento de desperdício da própria vida e de não ter mais nada a perder exige uma nova experiência que comece do zero. O indivíduo busca então uma renúncia ao mundo, uma segunda chance, uma nova distribuição das cartas para recomeçar outra rodada[13].

Organizar o próprio desaparecimento

O desaparecimento de si para outro lugar, às vezes muito longe, implica uma organização cuidadosa a fim de não correr o risco de ser imediatamente encontrado. Os que não dão nenhum sinal aos seus próximos enganam até o último instante, como se nada estivesse acontecendo. Para eles, a existência comum parece desenrolar-se normalmente e ininterruptamente, embora ao longo desse tempo organizem minuciosamente sua partida. Em dado momento, eles fingem se deslocar para o trabalho ou para um encontro qualquer e não retornam mais, deixando os seus preocupados e temerosos de que tenham sido vítimas de um encontro desafortunado ou de um acidente. As pessoas mais próximas se surpreendem com esse tipo de desaparecimento, se sentem pessoalmente abaladas, em uma espécie de dor inextinguível, como o observa H. Prolongeau (2002), que se encontrou com muitas famílias confrontadas com o desaparecimento enigmático de um

---

13. Alguns desaparecem e se impõem uma identidade emprestada que até seus próximos ignoram, como foi o caso de Jean-Claude Romand que se inventou para sua família e amigos um personagem grandioso a fim de fugir de seu sentimento de insignificância. Quando o cerco se fecha e o rei se revela nu, mata toda a sua família para não ter de defrontar-se com seu fracasso. "Para que o crime seja perfeito – comenta J. Baudrillard – não é preciso testemunha de acusação, tampouco testemunha contraditória, aos que tentam a qualquer preço explicar seu ato e desvendar esta conjuração singular" (BAUDRILLARD, 2004, 51). E. Carrère escreve da dupla vida de Romand: "Fora, ele se via nu. Voltava à ausência, ao vazio, ao branco, que não eram um acidente de percurso, mas a única experiência de sua vida. Ele jamais conheceu outra, creio eu, mesmo antes da bifurcação" (CARRÈRE, 2000: 101; ARNAUD, 2006).

dos seus. Para alguns, o desaparecimento é uma forma eufemizada de suicídio, uma maneira de tocar o ponto fraco das pessoas mais próximas, de desaparecer sem morrer, beneficiando-se finalmente de uma segunda chance e até para vingar-se pela falta de amor ou reconhecimento que imaginam terem sido vítimas. Para outros, era necessário romper, mesmo com o risco de provocar sofrimento aos seus, já que esgotados e desejosos de afastar-se radicalmente de qualquer amarra, não importando o preço a pagar.

Os que nunca deram o menor indício de sua partida correm o risco pelo próprio desaparecimento, sobretudo quando este pode ser visto como "preocupante" perante a lei, isto é, suscetível de despertar uma atenção particular da polícia que, por sua vez, pode desconfiar de algum crime e espalhar assim fotografias e informações em busca do "desaparecido". Alguns deixam uma carta de adeus para explicar a decisão tomada a fim de minimizar o desespero de seus próximos e evitar infindáveis interrogações sobre sua ausência, e eventualmente para isentar os familiares de qualquer culpabilidade. Assim protegem da angústia os que nada sabem sobre essa decisão ou que eventualmente temem a morte do desaparecido em algum acidente ou crime. Agindo dessa forma eles dissuadem os familiares a não acionarem a polícia para uma possível busca. Mas a carta não suprime tão facilmente a culpabilidade, tampouco o sofrimento dos que ficam na incerteza que, aliás, geralmente nunca cessam de ruminar o enigma da ausência.

Muitos sites da internet são consagrados ao desaparecimento de si e aos estratagemas bem-sucedidos para uma eficaz supressão de si, ou para recomeçar uma existência alhures sob outro estado civil ou guardando o antigo em total discrição. Muitos livros sobre esse tema foram publicados. No livro italiano com o sugestivo título *Manuale di sparizione* [Manual de desaparecimento], P. D'Arino (2006) resume as exigências que acompanham o desaparecimento desejado e bem-sucedido. Importa saber primeiro para onde ir, e refletir muito sobre esse destino. Se possível deve ser um lugar já visitado, distante, onde o indivíduo não corra o risco de ser reconhecido. O autor sugere romper paulatinamente a relação com os próximos, deixando-os pouco a pouco entender seu desejo de encontrar um momento de solidão alhures a fim de fazer um balanço de sua vida, sem especificar a ambição do projeto para evitar qualquer busca ulterior. Outros autores sugerem ausentar-se temporariamente com frequência sem dar notícias a fim de acostumar os familiares a não levantar suspeitas muito rápidas no momento da partida definitiva.

Em seguida, em muitos casos, convém falsificar o próprio estado civil, tarefa delicada que depende da qualidade do trabalho dos falsificadores. Desaparecer pode implicar destruir documentos de identidade e informações pessoais suscetíveis de um dia dar chances a alguém de seguir o desaparecido. Se, em um estado de direito, os documentos desenham a existência administrativa do indivíduo, sua perda ou sua destruição pode ser uma faca de dois gumes: se, por um lado, eles livram o indivíduo de sua identidade social, por outro impedem qualquer circulação desse mesmo indivíduo se houver um controle policial. Em nossas sociedades os documentos de identidade são consubstanciais ao estatuto da pessoa (DARDY, 1998). O patronímico, notadamente, é uma inscrição no seio de uma linhagem, ele traduz uma filiação, uma pertença social, acompanha uma história de vida do nascimento à morte e radica assim o indivíduo no seio de uma rede familiar. Ele fixa o indivíduo, mesmo contra sua vontade ele o insere em uma origem, em uma história, em um estado civil. Desaparecer definitivamente implica mudar de nome a fim de queimar socialmente uma das principais pistas. O "nome amarra a identidade a si e aos outros, para o bem ou para o mal; ele protege ou aprisiona em um indício que pode se transformar em sinal, estigma, identificação" (LAPIERRE, 1995: 367). Às vezes ele denuncia as "origens" do indivíduo expondo-o ao racismo ou à suspeição. Mas, mais banalmente, o nome também encerra o indivíduo em uma história pessoal, uma identidade, sobretudo na era da internet onde inúmeros traços permanecem circulando nas redes sociais à revelia do indivíduo que, por sua vez, se acredita protegido. O nome é a pessoa, ele a acompanha eternamente como uma sombra. Desfazer-se dele sem assumir outro, crível, implica perder a espessura, a transparência, a voz. O primeiro passo de um clandestino, seja ele quem for, é dar-se um nome, nem que seja para ser identificado por seus comparsas em caso de uma ação conjunta ou para algum encontro casual. A segunda medida é colocar-se fora do alcance e abandonar todos os elementos suscetíveis de deixar rastros de uma passagem que possa ser identificada. A acessibilidade é hoje um imperativo cujas ferramentas se encontram no telefone celular e na internet. Tornar-se inacessível, intangível, por exemplo, sem telefone celular nem internet, é uma maneira de manter-se a distância de uma forma invasiva de sociabilidade, é uma forma de não participar da circulação incessante das informações.

Muitos jovens andarilhos, em ruptura com a própria família, abandonam a antiga identidade e sancionam sua vontade de mudança adotando outro nome ou sobrenome. Eles não precisam mais prestar contas à sua filiação (*infra*). Mas não basta declarar rompimento com seu estado civil para libertar-se das exigências da própria identidade: a administração não aceita a autorreferência. "As interdições sociais de metamorfose talvez sejam as mais importantes de todas" (CANETTI, 1986: 403). Uma ruptura de identidade civil é efetivamente um transtorno à previsibilidade do vínculo social, à identificação socialmente necessária dos atores entre si, ela é um abuso de confiança. O indivíduo que está à sua frente não é o que ele diz ser. Qual é sua identidade real? A antiga ou a nova? Ou outra qualquer? Por que essa mudança de estado civil? Por que adotou o estado hoje evidenciado? Que objetivo ele persegue agora? Se ninguém sabe mais "quem é quem", se as identidades se modificam ao bel-prazer dos atores, torna-se difícil situar-se e fundar a confiança na obscuridade. A metamorfose às vezes está efetivamente ligada à necessidade de disfarçar-se para fins criminosos, terroristas ou de espionagem. Mas ela também pode ser uma vontade de desfazer-se de antigas rotinas para renascer em outro lugar sob outra identidade a fim de recomeçar a vida em uma nova situação.

Em *Tea Bag*, Mankell lembra que muitos refugiados ou migrantes destroem seus documentos pelo fato de rapidamente compreenderem que "é mais difícil livrar-se de uma pessoa sem documentos, mais difícil de afugentá-lo pela violência corporal do que alguém que ainda tem um nome. Assim temos a impressão de que as pessoas que não existem parecem ser mais verdadeiras do que as que se recusam a abandonar a própria identidade" (2007: 253). A identidade torna-se uma armadilha. Para reconstruir a própria vida alguns renunciam radicalmente seu antigo estado civil. Quando a existência pesa em demasia ou o indivíduo é demasiadamente multifacetado em si mesmo, ele pode assumir uma ou várias identidades emprestadas e pouco a pouco transformá-las naquilo que ele é. O negócio da falsificação de documentos tem uma longa história, e hoje ele se dedica, sobretudo, aos migrantes sem estatuto, aos clandestinos, aos fugitivos, aos exilados, a todos os que devem mudar de identidade para fundir-se no meio da massa e instalar-se como quiserem sem atrair a desconfiança das autoridades do país de acolhida ou daquele de onde fugiram.

Recorrendo a agências especializadas, alguns compram a preço de ouro outra identidade, geralmente em outro continente. Sem fornecer as informações de contato, F. D'Arino evoca agências discretas e custosas capazes de preparar o terreno aos fugitivos, coordenando as etapas de seu desaparecimento, preparando-lhes os documentos necessários, planejando-lhes um local de chegada, antes destas mesmas agências sumirem, uma vez concluída a tarefa. Essas agências "existem, afirma ele, mas em não lugares. Elas são encontráveis, mas inacessíveis [...]. Em um escritório invisível situado em algum lugar invisível, graças a funcionários qualificados, produtos e serviços são oferecidos, prometidos e vendidos" (D'ARINO, 2006: 100, 105). Sites da internet operam na clandestinidade, e para além de qualquer legalidade, a fim de oferecer a seus clientes as melhores condições de invisibilidade. F. D'Arino (2006: 103) dá o exemplo de um jornalista que, através de uma soma importante, conseguiu uma identidade emprestada por longo tempo e, aos olhos da lei, incontestável. H. Prolongeau observa igualmente a facilidade, para quem dispõe de dinheiro suficiente, de dar-se um novo estado civil (D'ARINO, 2001: 153s.). Esse tipo de empreendimento participa de longa data de tentativas de criminosos, terroristas ou exilados escaparem de qualquer investigação policial.

Uma vez chegado o momento de instalar-se em outro local ou país e de recomeçar uma nova vida, faz-se necessário apagar totalmente os vestígios e as lembranças da vida anterior, como fotografias, diários íntimos, roupas etc. E, em alguns casos, importa inclusive desfazer-se da aparência e das atitudes através do recurso à cirurgia estética ou pela fabricação de um *look* radicalmente diferente. A mudança de estado civil vai de par com a erradicação dos modos antigos de reconhecimento do indivíduo que se vê coagido a fazer *tabula rasa* de seu passado, apagando qualquer indício de si, qualquer pista. Mudar de existência não é possível sem uma destruição radical da história pessoal passada.

O fugitivo deve identificar claramente de quem ou do que ele deseja colocar-se ao abrigo a fim de dissimular suas fragilidades ou eventualmente preparar-se para partir novamente sem delongas. Sua vida geralmente é vivida na discrição a fim de evitar ser notado pelas autoridades, notadamente policiais, tendo muitas vezes de convencer seus vizinhos elaborando uma ficção crível sobre sua pessoa, suas origens e as razões de seu estabelecimento em determinado lugar. Às vezes ele é protegido pela comunidade de acolhida no interior da qual se funde em uma partilha ideológica, religiosa ou política, e, nesse caso, geralmente foi a própria comunidade que lhe arranjou os documentos de identidade e lhe dá a cobertura necessária para o seu anonimato. Desaparecer não elimina todas as coerções. Frequentemente, o fugitivo deve ganhar sua vida encontrando um emprego, a menos que ele disponha de dinheiro suficiente para refazer sua vida e sobreviver por conta própria. O que não é tão simples assim...

Interrogado sobre as chances de ter apagado definitivamente as pistas na França, um detetive privado especializado na busca de desaparecidos sublinha a dificuldade de tal empresa. Sem dúvida, afirma nosso detetive, esse é um trabalho exequível "por alguns anos. Mas, nesse caso, sempre é necessário que a pessoa que desaparece esteja em alerta, vigilante. O mais difícil é nunca deixar traços, em bancos, na previdência social, ou em qualquer tipo de administração. *Grosso modo*, é preciso velar para não ter nenhuma existência social. Isso significa trabalhar clandestinamente, desconfiar dos amigos, garantir pessoalmente a educação de seus filhos... Um dia, inevitavelmente, a atenção se abranda, e um erro fatal aparece" (in: MAZEAU, 1999: 96). Para além dos detetives privados muitas vezes contratados pelas famílias para encontrar um de seus membros, diversas associações zelam igualmente para dar aos parentes do desaparecido um apoio logístico e moral, às vezes até financeiro, em sua busca.

Se o indivíduo que desaparece for bem-sucedido nessa passagem, no sentido quase iniciático do termo, ele começa então sua metamorfose. Partindo para longe o bastante para não correr o risco de ser reconhecido por alguém, e para gozar de uma margem de manobra mais ampla na recomposição de seu personagem, esse indivíduo tem a liberdade de desaparecer para um lugar onde ninguém recuperará os dados de sua identidade, podendo viver como um desconhecido ao longo dos dias, assumindo outra língua etc. E isso, muitas vezes, graças ao fato de ele ter sabido guardar os segredos de seu deslocamento ou de suas origens. Aliviando o fardo de sua velha identidade e de seus deveres, ele se concentrará então em sua reconstrução pessoal tentando beneficiar-se de uma segunda chance, já que não precisa mais carregar consigo sua velha história, talvez adversa e até mesmo estampada em seu próprio rosto. Ele estará então pronto para um novo nascimento. Não mais se voltando para o próprio passado, que definitivamente deverá esquecer, deixará para trás inclusive as testemunhas suscetíveis de lembrar sua velha identidade, mesmo as mais próximas.

Na França, no dia 1º de novembro de 2010, 406.849 pessoas estavam inscritas nas listas de pessoas procuradas (FPR), sendo que esta cifra engloba tanto adolescentes fujões quanto vigaristas ou criminosos que tentam escapar da justiça, bem como terroristas ou pessoas que não dão mais sinal de vida e são procuradas por suas famílias. Qualquer desaparecimento em condições preocupantes é imediatamente inscrito no arquivo das pessoas procuradas, *a fortiori* quando se trata de menores ou pessoas protegidas. Os serviços policiais ou militares, tão logo recebem uma ordem de investigação, passam a agir. Algumas pessoas são vítimas de acidentes, de sequestros ou crimes. O agente de polícia, sob a autorização do procurador da república, é então autorizado a ter acesso aos arquivos dos organismos públicos ou dos organismos particulares autorizados a prestar um serviço público.

Até abril de 2013, outro arquivo integrava pessoas adultas sujeitas a ser procuradas por interesse das famílias (RIF), mas cujo desaparecimento juridicamente não era considerado "preocupante". Somente pessoas próximas, por afinidade ou filiação, eram autorizadas a comunicar esse desaparecimento. Esse pedido era feito ao comissariado, à brigada ou à chefatura de polícia. A pessoa preocupada em procurar um adulto desaparecido preenchia um formulário requerido e a polícia ou os militares iniciavam ou não uma investigação. Esse procedimento foi abolido. No site da chefatura de polícia, em junho de 2013, podia-se ler: "Considerando o desenvolvimento de novos meios de telecomunição, em particular a internet, o número de pedidos de buscas de pessoas procedente das famílias caiu consideravelmente nos últimos anos, de modo que pouco a pouco esse procedimento foi caindo em desuso [...]. Você está convidado(a), nas buscas que deseja iniciar, a usar a internet, e em particular as redes sociais suscetíveis de constituir meios alternativos eficazes (para responder às suas expectativas)".

Se a pessoa não é encontrada no prazo de seis meses, um certificado de buscas infrutíferas é entregue à família. Na França, o Ministério do Interior cifra anualmente em torno de 2.500 adultos desaparecidos sem ter dado o menor sinal de vida aos seus familiares. Alguns até são encontrados, mas se recusam a fornecer informações atualizadas à sua família, e o segredo é então preservado, já que desaparecer é um direito. A polícia simplesmente informa aos parentes que o desaparecido está alhures, com saúde, e não pretende voltar. Qualquer pessoa adulta pode refazer sua própria vida alhures, direito que lhe é garantido nos artigos 1 e 4 da Declaração Universal dos Direitos Humanos.

Por conta de um programa televisivo de grande sucesso, a jornalista Patrícia Fagué encontrou centenas de pessoas que não tinham necessariamente partido sem deixar endereço, mas que o tempo e as circunstâncias da vida as haviam afastado dos que as procuravam. Ela relata seu trabalho em *Disparus? Comment les retrouver* (1998) [Desaparecidos? Como encontrá-los]. Ela também declara ter identificado várias centenas de pessoas perdidas de vista, mas que, na maioria dos casos, não desejavam mais reatar com um passado que, aos seus olhos, não fazia mais sentido.

Muitos desaparecidos rapidamente se veem perambulando pelas ruas, sem recursos, fundindo-se no anonimato de outros indivíduos sem domicílio, destruídos às vezes pelo sofrimento que os fez abandonar sua antiga residência: separação, divórcio, conflito conjugal, desemprego, depressão etc. Eles não deixam nenhum traço (PROLONGEAU, 2001: 189s.), e pouco a pouco também se ausentam de si mesmos pela alcoolização e indiferença. O desaparecimento produz esses esquecidos, esses mendigos cujo peso dos sonhos já perdeu todas as forças. Esses homens, às vezes essas mulheres, não se fixam mais nas cidades de suas regiões. Alguns acreditaram na possibilidade de se reconstruir em outros lugares, mas a experiência lhes impôs um novo desmentido. E assim acabaram fracassando às margens de um imaginário repleto de florestas e ilhas paradisíacas em que acreditavam residir a alegria de viver. Joseph Conrad, Georges Simenon, e outros, desenharam outrora retratos de uma dezena dessas figuras destituídas de qualquer dignidade, amargas, derrisórias, iguais a esse personagem encontrado por Jacques Meunier na Amazônia: seu pomar estava apinhado de limoeiros, pescava piranhas com dinamite, e repetia com muita regularidade que era feliz por "não precisar enfrentar as filas dos supermercados", resumindo a tão pouca coisa a totalidade de suas ambições (MEUNIER, 1987: 82).

O desaparecimento de Majorana

Nascido em 1906, em Catânia, na Sicília, o físico Majorana é um dos enigmas do século XX em termos de desaparecimento. Ele entra como um meteoro na vida acadêmica, trazendo uma das maiores contribuições à física quântica do final dos anos de 1920 e 1930. Formidavelmente inteligente, mas sentindo-se desconfortável perante os outros, ele tenta passar despercebido, à sombra, não publicando quase nada. Em 1929, defendeu sua tese aplicando pela primeira vez na Itália as leis da física quântica ao núcleo do átomo. "As equações são para Majorana corpos palpáveis, sereias às quais decide ceder e com as quais coabita em um entremundos, comenta E. Klein. Elas são os únicos objetos não quiméricos [...]. O real, o verdadeiro, não tem nada a ver com o concreto e se deixa alcançar por matemáticas muito sofisticadas. A carne, a verdadeira, não parece apresentar-lhe nenhum interesse" (KLEIN, 2013: 55). Contrariamente aos seus colegas professores, sua presença vai se tornando cada vez mais rara no Instituto de Física em Roma. Seu colega Amaldi o descreve como um homem "franzino, de andar tímido, quase incerto" (SCIASCIA, 1977: 123). Quem cruza seus caminhos quase sempre o descreve como um personagem "estranho", fechado em seu próprio mundo. Verdadeiro teórico, pouco inclinado a entrar em discussões, indiferente às suas próprias descobertas, ele antecipa as de Heisenberg, mas se alegra que este último as publique, evitando assim a preocupação de ele mesmo ter de fazê-lo. Majorana encontra Heisenberg em Leipzig e faz amizade com ele. Por solicitação de seu anfitrião, Majorana aceita escrever um artigo sobre a estrutura dos núcleos atômicos, que corrigiria alguns pontos do modelo de Heisenberg (KLEIN, 2013: 87). Mais tarde, não obstante a amizade construída, o próprio Heisenberg testemunhará as grandes dificuldades que Majorana tinha em comunicar-se com os outros. Laura Fermi escreve que, ao regressar de sua viagem a Leipzig, "ele literalmente se escondeu de seus velhos camaradas" (SCIASCIA, 1977: 138). A partir de então, Majorana deixa de frequentar o Instituto, se recolhe em seu quarto, não aceitando a maioria das visitas. Ele pouco se alimenta, escreve enormemente, embora nada publique. Relê a obra de seu compatriota Pirandello como se buscasse um manual de instruções para fugir da dificuldade de ser ele mesmo. Por quatro anos, mal sai de sua casa. Ninguém sabe se ele está dando continuidade ou não às suas pesquisas.

A partir de 1936 ele obteve alguma melhora, mantendo inclusive um relativo convívio com seus familiares. Em outubro de 1937 foi nomeado professor de Física Teórica em Nápoles. A partir de então passou a ministrar alguns cursos a um punhado de universitários, mas fazendo-o em voz baixa, quase sussurrada. Aos 25 de março de 1938 ele entrega a uma de suas alunas uma caixa de papelão repleta de manuscritos. Em seguida embarca em uma nave que faz o serviço dos correios entre Nápoles e Palermo. Depois escreve ao seu colega Carelli pedindo-lhe que não se assustasse com seu "desaparecimento repentino", agradecendo a amizade recíproca, reconhecendo o grande valor do amigo. A carta também parece querer anunciar sua vontade de suicídio, programado para as "onze horas desta noite". Mas Carelli se dá conta de outra afirmação, enigmática, em que Majorana afirma que "o mar o rejeitou", por isso volta ao hotel de Bolonha, onde se hospeda. Na missiva ele também revela sua renúncia ao ensino. Há indícios de que ele voltou para Nápoles. E inclusive teria sido visto na rua entre o Palácio Real e a Galeria por uma enfermeira que o conhecia. Mas na segunda-feira, dia 28, ele não está nem no hotel nem no Instituto. A partir de então ninguém mais teve notícias. É longamente procurado pela polícia. Diz-se que poucos dias antes de seu desaparecimento, um homem muito parecido com Majorana teria se apresentado ao superior da Igreja de Gesù Nuovo, em Nápoles, pedindo-lhe que o admitisse na Ordem dos Jesuítas. Entretanto, diante da resposta de que seria necessário seguir as regras de admissão, partiu e nunca mais voltou. Alguns dias antes de seu desaparecimento, ele sacou todo o dinheiro de sua conta bancária e tomou o cuidado de levar consigo o passaporte de viagem, fato que parece invalidar a hipótese de suicídio. O enigma permanece até hoje. No momento da redação de sua obra, E. Klein faz referência a um livro italiano que defende a ideia de que Majorana se enclausurou em um mosteiro calabrês com a cumplicidade de sua família. Em seu texto, L. Sciascia evoca com frequência Pirandello, não para o personagem de Mathias Pascal, mas para o personagem de *Uno, nessuno e centomila* [Um, nenhum e cem mil], que prepara longamente seu desaparecimento.

Exemplos literários de desaparecimento

A tentação da ausência está no centro da literatura e do cinema contemporâneos. A ficção propõe rotas de fuga que levam provisoriamente suas testemunhas a uma suspensão de seus engajamentos sociais e a uma identificação paradoxal com personagens sem uma identidade profunda, sem história, que passam pela vida como sombras. No contexto do individualismo democrático de nossas sociedades, onde importa decidir sobre si e sobre seus valores sem que o vínculo social dite suas orientações, a liberdade é uma vertigem, e o sentido da relatividade da existência impregna o sentimento de si. Uma linha de fratura atravessa o século, com muitos autores, para ultimamente prosperar no contexto de um individualismo sempre mais difícil de ser assumido. Esses filmes e romances conhecem um sucesso difícil de ser desmentido, não obstante sua visão ou leitura geralmente exigente. Eles traduzem perfeitamente a identificação provisória buscada por espectadores ou leitores, ou o devaneio de aliviar-se de si provocado por essa produção.

Os personagens de Pirandello ilustram bem essa vertigem da possibilidade de se reconstruir alhures sob outra identidade no momento em que a existência presente deixa muito a desejar. Assim, no *Feu Mathias Pascal* [Falecido Matias Pascal], um jovem provinciano de mal com a vida se debate diariamente com sua esposa e sua sogra e acaba abandonando o domicílio conjugal. Durante alguns dias ele rumina seu infortúnio, já planejando seu retorno. Por coincidência, ele ganha uma fortuna em um cassino e, no dia seguinte, fica sabendo de sua morte através das manchetes policiais de um jornal. É que confundiram sua identidade com a de um jovem que se jogou em um poço, mas mais por influência de sua sogra que se apressou em testemunhar que se tratava de seu desesperado genro. Ele então se aproveitou das circunstâncias para se reconstruir em Roma, sob o nome de Adrien Meis, vivendo em uma pequena pensão familiar: "Com a lembrança de minha vida anterior claramente suprimida, com o espírito fixado na decisão de recomeçar uma nova vida, eis-me aliviado e invadido por uma espécie de alegria infantil" (PIRANDELLO, 1965: 112). Entretanto, vive obcecado pelo medo de um dia ser reconhecido. Apaixonando-se por uma moça, é incapaz de declarar-se, já que está oficialmente morto e portador de um nome fictício. Roubado certa noite de uma parte da fortuna ganha no cassino, não se atreve a denunciar o furto à polícia por medo de ser preso por usurpação de identidade. E aos poucos vai descobrindo os limites de uma existência sem identidade em sociedades policiadas. Em dado momento, ele decide voltar para seu antigo vilarejo a fim de reassumir o seu lugar; mas, inesperadamente, encontra sua mulher recasada. Ele não é mais nada: "A sombra de um morto: eis minha vida" (PIRANDELLO, 1965:

245). Em seu posfácio, escrevendo sobre a inspiração dessa obra, Pirandello evoca uma série de crimes verdadeiros do mesmo gênero cujo conhecimento lhe adveio pela imprensa.

Na *Fuite de Monsieur Monde* [A fuga do Sr. Monde], Georges Simenon, em 1945, conta a história de um homem, quase cinquentenário, aparentemente bem-sucedido em tudo, mas amargurado com a própria vida e decepcionado com a esposa e os filhos. Da noite para o dia ele decide abandonar tudo, quase sem dinheiro e sem avisar ninguém. Seu primeiro gesto foi raspar os bigodes. Uma bela manhã, ele acorda com lágrimas nos olhos: "O que fluía de seu ser através de seus dois olhos era toda a fadiga acumulada ao longo de 48 anos, e, se essas lágrimas eram doces, era porque de agora em diante seu calvário terminara. Ele o havia abandonado, não lutava mais [...]. Era um homem que por longo tempo arrastou sua condição de homem sem nenhuma consciência de si, da mesma forma que outros arrastam consigo uma doença que ignoram" (1945: 52, 170). Por algum tempo ele leva uma vida de andarilho e de pobreza antes de ser involuntariamente envolvido em uma briga de casal no quarto contíguo do miserável albergue onde encontrou refúgio. À noite, ele impede a mulher de se suicidar. Pela primeira vez na vida ele se deixa levar pela história dos outros. Como nos personagens de Pirandello, esse homem também acaba voltando à sua antiga identidade após longas férias. Outros romances de Simenon enunciam a mesma vontade de despojar-se de si para viver anonimamente.

Os romances de Paul Auster também evidenciam esse questionamento sobre o desaparecimento: seus personagens geralmente tiram férias de si mesmos, seja pela vontade do autor de não lhes conferir nenhuma profundidade biográfica, reservando-lhes uma consciência apenas residual (*La Trilogie new-yorkaise*) [A trilogia de Nova York], seja porque tais personagens, em um ou outro momento de suas trajetórias, buscam desaparecer. Na obra *Moon Palace*, o narrador, ao deparar-se com uma série de dificuldades, duvida de sua vontade de continuar lutando para sobreviver: "Eu buscava me separar de meu corpo, e contornar o meu dilema, tentando convencer-me de que ele não existia. Antes de mim outros tentaram seguir o mesmo caminho, mas todos descobriram o que eu não percebi: que o espírito não vence a matéria, já que, uma vez pressionado, ele se revela feito de matéria. Para elevar-me acima das condições de minha existência, precisava convencer-me de que eu era mais real, tendo por resultado que toda realidade se tornava incerta para mim" (1991: 56). Ele esvazia então seu apartamento de todos os seus pertences e pouco a pouco se deixa levar: "Só a ação de não fazer nada me parecia considerável, e era sem nenhum escrúpulo que eu deixava que as horas transcorressem na maior ociosidade" (AUSTER, 1991: 59). Posteriormente ele passa a viver na rua. Livre de si mesmo, contenta-se em satisfazer tão somente sua fome mendigando ou catando restos de comida no lixo, até que um dia, devastado pela febre, se embrenha em um matagal e se deixa calmamente morrer. Amigos conseguem *in extremis* encontrá-lo. Pouco a pouco ele volta ao convívio social e passa a servir um velho homem desejoso de escrever sua própria história, uma verdadeira história de desaparecimento, já que ele também não levava a vida que gostaria de ter. De um abismo ao outro, o narrador percorre um itinerário iniciático. No final da narrativa, despojado de tudo, sem perspectivas, fracassado na cidade de Laguna Beach, de frente para o Pacífico ele olha o sol desaparecer na noite e arremata: "Cheguei ao fim do mundo, e para além só há vento e ondas, um vazio que se estende sem obstáculo até os confins da China. É aqui, digo a mim mesmo, que eu começo, é aqui que minha vida se inicia" (AUSTER, 1991: 468).

Em "La chambre dérobée" [O quarto roubado] (in: AUSTER, 1988b), sob o pretexto de visitar sua mãe em Nova Jersey, Fanshawe desaparece. Sua esposa Sofia descobre que ele jamais foi visitá-la. Por meses ela aguarda seu retorno, até porque está grávida. A polícia faz uma rápida busca antes de abandonar o caso, já que qualquer adulto, sem suspeição de crime, pode desaparecer. Quinn, um detetive particular, também abandona a investigação. Escritor, Fanshawe se recusava a entrar em contato com algum editor, alegando querer consagrar-se de corpo e alma à sua obra. Sua esposa, porém, deu-lhe um ultimato, dizendo-lhe que se não tomasse a iniciativa de entregar os manuscritos a um editor antes do fim do ano, ela mesma os enviaria a um amigo de infância, agora crítico literário, única pessoa em quem Fanshawe confiava. Ele devia, portanto, submeter-se a seu julgamento. Mas agora Sofia não sabe o que fazer com as malas contendo os manuscritos do marido. Sempre mais convencida de que ele não voltaria, ela escreve então ao homem outrora tão próximo de seu marido. Esse crítico, jamais nomeado, mas narrador da história, se debruça sobre os manuscritos e se impressiona com seu grande valor literário. A primeira obra publicada conhece um grande sucesso editorial, bem como as posteriores. O crítico se aproxima de Sofia, e de Ben, o filho de Fanshawe, nascido neste ínterim. Eles parecem entender-se bastante bem, e o narrador, quando se esgotarem os manuscritos das malas, imagina continuar publicando romances usando o nome de Fanshawe. Entretanto, um dia ele recebe uma carta do desaparecido que de uma forma um pouco perversa anuncia estar vivo, embora manifeste seu desejo de jamais reaparecer. Desestabilizado, o crítico de literatura esconde essa informação de Sofia, com quem posteriormente se casa e adota Ben. Ele aceita a proposta de um editor de redigir uma nova obra sobre Fanshawe e parte em busca dos rastros de seu amigo visitando sua mãe e relendo as cartas que lhe enviava. As relações com Sofia, no entanto, vão se desgastando, e o narrador se vê em uma situação perigosa, não sabendo mais quem finalmente ele é. E parte para Paris em busca de Fanshawe. Lá ele vive um período de deriva, de acentuada despersonalização por uma alcoolização sem fim, em busca de um homem que não dá as caras. Voltando para Nova York, ele retoma a vida com Sofia, feliz, até o dia em que recebe outra carta do desaparecido pedindo-lhe que o visite em Boston. Ele a esconde de sua esposa, parte rumo ao endereço indicado e tenta superar a prova do último encontro com o homem do qual praticamente usurpara a identidade. Após uma discussão atrás de uma porta fechada no apartamento de um imóvel degradado, ele o abandona ao suicídio. Lendo o caderno que Fanshawe lhe havia escorregado por debaixo da porta, o crítico descobre que o escritor já não compreende mais nada: "Cada frase desfazia a precedente, cada parágrafo tornava o seguinte impossível" (1988: 427). Ele rasga então as páginas do caderno, reenviando assim Fanshawe a um desaparecimento definitivo. Far-se-ia necessário analisar assim quase cada página da obra de Paul Auster, ou seja, sob esse ângulo da vontade de desfazer-se de si.

O próprio Auster evoca outro escritor americano (AUSTER, 1991: 244-245), N. Hawthorne, sobre o qual afirma que, após ter concluído seus estudos universitários, voltou para junto de sua mãe, fechou-se em um quarto e por doze anos evitou o vínculo social. Em uma de suas novelas, um homem, de nome Wakefield, decide pregar uma peça à sua esposa. Ele se acomoda em um hotel próximo à sua casa. Fica ali por alguns dias, mas meses e anos finalmente foram se passando. Um dia ele descobre cortinas funerárias na fachada de sua casa. São seus próprios funerais. Muitos anos se passam ainda, e às vezes ele se cruza com sua esposa que não o percebe. Certa noite, ao passar em frente à sua antiga casa, espia pela janela e vê o fogo ardendo na lareira. E então decide galgar os degraus do alpendre e bater à porta.

Em outro romance, Auster evoca o clássico de D. Hammett, *Le Faucon maltais* [O falcão maltês], e, sobretudo, a digressão do escritor que conta a história de um agente imobiliário próspero e feliz no casamento que sai de casa para um rápido curso e não volta mais. Alguns anos mais tarde, um homem parecido com ele surpreendentemente é visto em uma cidade vizinha e sua mulher, desconcertada, pede ao detetive Sam Spade que verifique os fatos. O detetive encontra rapidamente o homem que, efetivamente, não queria se esconder. Este lhe explica então que muitos anos antes, ao sair de sua casa, uma viga que se desprendeu do teto não o matou por um triz. Refletindo sobre o incidente, ele afirma ter tomado consciência de que a existência não passa de uma soma de coincidências, e então partiu para outra cidade com a ideia de reconstruir inteiramente sua vida. Casou-se novamente e, por ironia do destino, vivia alhures uma vida igual àquela que abandonara[14].

Essa convergência da ficção, que poderia prosseguir longamente através de outras evocações, marca a fascinação por esse vínculo social em que não é mais necessário continuar alimentando seu personagem à toa. Nostalgia de uma desistência, ao menos por procuração para o leitor ou espectador, por identificação com personagens literários ou cinematográficos que "falam"

---

14. Muitos romances ou filmes evocam o desaparecimento ou a ausência de si, particularmente depois da década de 1970 com os filmes de Michelangelo Antonioni, Werner Herzog, Wim Wenders, Jim Jarmush, Aki Kaurismäki, Kiyoshi Kurosawa, Gus Van Sant, Shöhei Imamura etc. Seria necessário também considerar outros escritores onde a figura do desaparecimento domina, como Clarice Lispector, Henri Michaux, Sylvie Germain (*Hors champ* ou *L'Inaperçu*), Oliver Adam, Antonio Tabucchi, Peter Handke, e tantos outros.

intensamente de nossas carências, de nossos arrependimentos, de nossas aspirações secretas. Ao invés de ausentar-nos de nós mesmos ou aliviar-nos de nossa identidade, deixamos os outros partirem e nos imaginamos mergulhados na mesma experiência por algumas horas.

6 O SI COMO FICÇÕES

> *Os fatos são sonoros, mas entre os fatos existe um murmúrio.*
>
> Clarice Lispector. *Água viva.*

A identidade como processo

O sentimento de identidade é o lugar sempre em movimento em que o indivíduo experimenta sua singularidade e sua diferença. Ele é a herança da história passada no interior de uma configuração social e afetiva, e de inúmeras identificações cuja influência não cessa de se redefinir ao longo da existência, notadamente para os pais e as figuras do entorno, ou mais prestigiosas, emprestadas do imaginário cultural. A dimensão sexuada, o fato de ser homem ou mulher e de se sentir mais ou menos bem nessa situação, exerce um papel essencial. Ele mistura identificação e experimentação sob a égide de uma história singular. Lugar de controle de si, instância de reflexão e de reflexividade, de deliberação íntima e de inteligência prática, o sentimento de identidade é o reservatório do sentido que rege a relação com o mundo do indivíduo. Relativamente estável, mas aberto ao mundo, o sentimento de si se modula segundo os grupos dos quais participa. Não é um organismo ou uma entidade moral, mas uma modalidade da consciência que orienta os fatos e gestos ou os pensamentos e que não cessa de se redefinir segundo os contextos. Ele muda ao longo do tempo, mas um fio condutor permanece dando a convicção de que a pessoa continua a mesma. A identidade é um movimento ao idêntico, no sentido que o essencial de si permanece, o indivíduo se reconhecendo de uma época à outra. Mas a identidade também é flexível na medida em que incontáveis incidentes da vida vão depositando nela seus sedimentos, nutrindo a experiência e provocando mudanças na percepção de si. Uma trama movediça de valores, de representações, de modelos, de papéis e de afetos fornece as bases do sentimento de si, constrói uma história própria, um estilo de presença, uma afetividade em ato.

A existência social só é possível através da capacidade que o indivíduo tem de endossar uma sucessão de papéis diferentes segundo os públicos e os movimentos, mas sempre preservando uma unidade (LE BRETON, 2003). "Entretanto, mesmo do ponto de vista das coisas mais insignificantes, nós não somos uma totalidade materialmente constituída, idêntica para todos e cujo conhecimento obtemos através de exercícios; nossa personalidade social é uma criação do pensamento dos outros" (PROUST, 1988: 24). Uma ação corresponde a apenas uma parte daquilo que o indivíduo poderia investir. Quando ele encarna um de seus personagens no cenário social, os outros são colocados entre parênteses. Alguns de seus públicos habituais ficariam desconcertados se o encontrassem alhures, em outro contexto, fora do papel que são acostumados a vê-lo exercer. O sentimento de identidade em parte resulta de circunstâncias. Em sua equipe de futebol ou em companhia de seus amigos, ou diante de seus alunos no liceu, o mesmo indivíduo nem sempre se assemelha. A maneira de se exercer uma função é suscetível de uma infinidade de variações segundo os interlocutores ou as situações. W. James observa que "Rigorosamente falando, um homem tem tantos *eus* sociais quantos forem os números de indivíduos que o conhecem e que fazem dele uma ideia ou uma opinião qualquer [...]. Na prática, um homem tem tantos *eus* sociais quantos distintos grupos de homens existem e cuja opinião lhe importa. Geralmente ele se mostra sob um ângulo social a cada um desses grupos. Assim como esse jovem, recatado com seus pais e mestres, mas inescrupuloso e cafajeste com seus amigos de farra. Não nos mostramos às crianças da mesma forma com que o fazemos com nossos amigos íntimos. Disto resulta na prática uma fragmentação da personalidade em diferentes *eus* que podem se desmentir uns aos outros, como junto a todas as pessoas preocupadas em esconder a um grupo de amigos a figura que representou alhures, mas que também podem se harmonizar e apresentar uma espécie de divisão do trabalho, como junto àquele homem que reserva sua ternura aos seus filhos e sua severidade aos soldados ou aos prisioneiros postos sob suas ordens" (1999: 230). Cada um desses "eus" influencia seu sentimento de identidade.

A identidade é como um diamante de múltiplas facetas, cada uma dando-lhe uma visão particular. Ela não se revela em nenhuma faceta, mas indica a cintilação do diamante. É uma história que o indivíduo não cessa de contar a si mesmo e aos outros, remanejando às vezes suas versões. Nunca é engessada, mas sempre relacional, em movimento, continuamente fugidia. "Quanto mais se escreve sobre esse tema, mais as palavras se erigem em limite ao redor de uma realidade tanto insondável quanto totalmente invasiva" (ERIKSON, 1972: 5). Por sua vez, C. Lévi-Strauss observa, na conclusão de seu seminário, que "a identidade é uma espécie de abrigo virtual ao qual nos é indispensável nos reportar [...], mas sem que ele tenha existência real" (1983: 322).

Não se trata apenas de ser si mesmo, mas de assumir as facetas solicitadas pelos papéis que se sucedem na vida cotidiana. Cada contexto nasce de um indivíduo ao mesmo tempo idêntico e diferente. Ninguém é totalmente puro. Cada indivíduo é um guarda-roupa de personagens que a ele se ajustam, mas não de forma aleatória, pois cada indivíduo se move no interior de um espectro identitário, de uma auréola indiscernível de sentido que somente as circunstâncias conseguem evidenciar. Ele nunca acessa ao conjunto de seus personagens; só tem uma vida e não as inúmeras que teria podido viver.

"O eu é um outro", escrevia Rimbaud. Ele é também mil outros ao longo de seus públicos e de sua caminhada no tempo e na história pessoal, sempre dividido entre os diferentes personagens que nele se agitam. Ele jamais tem acesso à totalidade, finalmente impensável, daquilo que ele é. Lógicas de pensamento e de ação se confrontam simultaneamente nele (KAUFMANN, 2003, 2007, 2008; DUBAR, 2000; LAHIRE, 1998; DUBET, 1994), culminando em decisões difíceis, mitigadas, em reviravoltas, arrependimentos e rupturas às vezes radicais. Elas são sempre múltiplas e estão sob a influência de outros dentro e fora do indivíduo. Este é constituído de inúmeros labirintos que nele se entrelaçam, tramados em suas origens sociais e culturais e naquilo que ele hoje faz, na dinâmica afetiva na qual cresceu e ainda o move, nas influências exteriores que o agitam, na experiência passada e principalmente nos dramas ou alegrias que conheceu. De uma forma favorável ou dolorosa, a busca de si é uma preocupação frequente de nossos contemporâneos. Ela é particularmente viva na adolescência, pois nenhum modelo é capaz de balizar um caminho que urge elaborar para si mesmo (LE BRETON, 2007, 2013). Ela não o é menos na velhice, quando o perder frequentemente prevalece sobre o aprender e o progredir, e quando o indivíduo não cessa de mudar a tonalidade de sua relação com o mundo em razão das transformações de sua condição social e de seu estado de saúde. A adolescência e a velhice são momentos em que o continuar consequente consigo mesmo esbarra em muitos obstáculos dentro e fora do próprio indivíduo, momentos de fadiga nos quais urge assumir o próprio personagem, mas que igualmente convidam a deixar-se levar para libertar-se das tensões.

A consciência que se enraíza no sentimento de identidade nunca é uma atenção sem falha ou algo que se mostre evidente de uma situação a outra. Ela conhece incontáveis oscilações entre a vigilância ao entorno e os momentos de flutuação, mais interiorizados, em que o indivíduo está simultaneamente aqui e alhures, mergulhado em um devaneio ou uma inquietação que o levam a perder parte de sua presença no mundo. A consciência é descontínua e com matizes diferentes segundo as circunstâncias e jamais se apresenta em linha coerente, retilínea, à imagem de um *cogito* cartesiano sempre igual. A consciência, diz Schutz, está cheia de "buracos, de pausas, de descontinuidades" (2007: 44). O indivíduo frequentemente se furta a si mesmo doando-se, com ou sem razão, aos outros, mas sempre com a sensação de estar incluído no outro, no espaço da interação. Entretanto, a consciência comporta a possibilidade de perder-se por um instante ou duravelmente, deixando de ser um farol eternamente aceso para clarear com sua persistente luz o mundo circunstante e torná-lo vivível, visto que às vezes ela também eclipsa. Neste livro analisamos especialmente esse desejo de apagamento radical provisório entre adolescentes ou adultos através da alcoolização extrema ou das brincadeiras de estrangulamento ou outras práticas partilhadas por outros adultos (cap. 3). A continuidade de si, em última análise, não passa de uma crença necessária à sobrevivência. Não obstante sua ressonância familiar, "ser o que se é" não passa de um sentimento, de uma crença indispensável (KAUFMANN, 2008), de um esforço de ser o que desejamos ser.

Frágeis identidades

A identidade que funda a relação com o mundo nos parece garantida, irrefutável, mas nada é mais vulnerável, mais ameaçado pelo olhar dos outros, ou pelos acontecimentos da história pessoal, do que a identidade. Ela não é protegida por um muro, é modulável e se trama no inacabado. As circunstâncias a fazem e a desfazem segundo a maneira com que o indivíduo as interpreta e as vive. O ser humano não está eternamente fechado em si mesmo como se estivesse em uma fortaleza solidamente guarnecida. Sempre em relação, o indivíduo avança tateando em sua existência, frequentemente forçado a rever seus objetivos, a modificar seu olhar sobre si mesmo. Emaranhado no coração das conjunturas sociais, o sentimento de identidade é envolvido na trama do tempo e de acontecimentos imprevisíveis, suscetíveis de transformar as rotinas da relação com o mundo. A contingência das coisas implica caminhar com o risco de perder objetivos caros (um emprego, p. ex.), ou pessoas próximas (luto, separação, afastamento etc.). Uma mudança de ambiente profissional, uma fantástica promoção, um encontro amoroso, um casamento, o nascimento de uma criança, o anúncio de uma doença grave etc., modulam um sentimento de identidade sempre exposto às contingências da vida. O indivíduo é sempre um processo.

O transcurso de uma vida não é imutável, tampouco se assemelha a um rio que tranquilamente corre para o mar. Ele é um contínuo remanejamento de um si vinculado à idade e às transformações das condições de existência. O mundo real ou imaginário só existe em razão das significações que lhe damos. A sensação de ser si mesmo, único, sólido, com os pés no chão, é uma ficção pessoal que os outros, com benevolência ou não, devem permanentemente apoiar. O indivíduo nunca cessa de nascer. Suas condições de existência o transformam em igual medida que ele mesmo exerce sua influência sobre elas. Ele permanece si mesmo ao longo do tempo, transformando-se discreta ou brutalmente, segundo as circunstâncias. Ele muda para permanecer si mesmo. A identidade não é o idêntico, mas a passagem. Descrevendo uma experiência comum, W. James sublinha o quanto a consciência de si se modifica ao longo dos dias e com o passar do tempo. "Frequentemente nos impressionamos com as estranhas diferenças que existem entre nossas apreciações sucessivas sobre um mesmo tema [...]. Assim, de um ano ao outro, vemos as coisas sob novas luzes. O irreal torna-se real; o interessante, insípido. Os amigos que alimentavam nossa motivação de amar a vida não passam de sombras. As mulheres, há pouco tão divinas, as estrelas, as florestas e as águas, como tudo isso se tornou enfim tão terno e banal..." (JAMES, 1999: 236).

Jamais o indivíduo tem acesso a uma totalidade interior, ele somente conhece uma fina camada de consciência que só ilumina uma parte do que ele é. "O Eu não é o sujeito", diz A. Green (1983: 82). Ao inverso de uma consciência de si cartesiana, sem cessar contraída sobre si mesma, sempre atenta e reflexiva, transparente, sem história, exercendo um domínio infalível, ela é flutuante, ambivalente, impregnada das vicissitudes de um percurso de vida. Ela não passa de uma matriz de significação. Jamais a consciência de um instante esgota sua complexidade. Talvez isso se deva ao inconsciente que lhe rouba uma parte do que ela é, mas também dessa imensa parte de sombra constituída por todos os sedimentos de sua história e pelas fontes de sentido contidas nele, mas que só revelam as circunstâncias. Para C. Lévi-Strauss, uma "identidade racional, cartesiana, a do estado civil", se opõe a essa espécie de identidade muito singular que é feita ao mesmo tempo de todas as perspectivas do grupo sobre um dado indivíduo [...]. Mas talvez tenhamos de nos colocar a questão: Até que ponto alguém não brinca de fabricar-se ele mesmo uma identidade múltipla?" (1983: 284).

Jamais o indivíduo é totalmente o autor de sua existência, e não somente em razão de sua necessária inserção no vínculo social, que demanda a relação com os outros, mas também porque só em parte ele sabe o que é e o que faz. O psiquismo não é homogêneo, ele existe em um equilíbrio precário, sempre em movimento, entre tensões contraditórias, cambiantes. Freud falava nesse sentido da tensão entre Eros e Thanatos, entre criação e destruição. O indivíduo não está somente do lado da consciência e daquilo que pensa sobre si mesmo, ele ignora o peso de sua história pessoal que o inclina a comportamentos orientados para o seu passado em detrimento do presente. Na vida cotidiana ninguém se interroga sobre o que é, exceto em face de uma ruptura, de uma provação pessoal. E esse olhar sobre si, mesmo grave, não passa de uma sondagem em uma matriz de si inacessível, já que sempre movente, em sua periferia circunstancial e em seu núcleo mais duradouro indescritível.

Daí, em nossas sociedades, a importância da autobiografia, ou do blogue para as gerações mais jovens, a necessidade de informar aos outros quem somos. Obviamente, nunca a história de vida é a transparência de acontecimentos cruzados, mas sempre uma interpretação, uma leitura e uma releitura ao longo do tempo. Ela nunca é uma verdade, apenas a última versão que um indivíduo oferece de si mesmo. Para que exista a crença, impõe-se a existência de uma consciência, de um eu, de uma identidade, mesmo na impossibilidade de definir seus contornos com precisão, mesmo diante do incômodo de ter de responder à questão "quem sou eu?" em face da fragmentação do que somos ao longo do tempo, das circunstâncias e dos públicos. O sentimento de identidade se transforma em narrativa provisória sobre si mesmo, que P. Ricoeur denomina "identidade narrativa" e U. Beck "biografia reflexiva". A narrativa de si é uma tentativa, sempre *a posteriori*, de construir uma unidade da própria existência, não em uma objetividade impensável, mas na busca de sentido e coerência que não exclui a reinterpretação, mesmo sincera, dos acontecimentos. A todo instante o indivíduo se liga à sua história. Interiormente ele não cessa de narrar para si sua própria biografia tentando situar-se nos acontecimentos e nas situações recentes e presentes, recolhendo ao mesmo tempo em seu celeiro outras lembranças que o levam a permanecer ele mesmo, embora sempre se redefinindo ao longo do tempo. A identidade que o indivíduo se constrói e se reconstrói através de sua narrativa é sem dúvida uma ficção, mas ela é o único meio de se aproximar de si através de um processo sem fim que não cessa de se ajustar. Essa ficção às vezes é até mesmo alterada pelos outros que não a reconhecem inteiramente na narrativa, corrigindo-a ou completando-a e reinserindo-a assim em um conjunto narrativo a várias vozes. Sobretudo quando a demência intervém e outros precisam assumir a responsabilidade de continuar a história da pessoa.

A ambivalência inerente à relação com o mundo é mais ou menos pronunciada e pode dilacerar o indivíduo, e dolorosamente, colocando-o em contradição. Na presente pesquisa nós a encontramos constantemente, especialmente nos comportamentos de risco dos jovens ou na síndrome da queda das pessoas idosas. Além disso, a depressão, o *burnout*, por exemplo, são igualmente componentes possíveis da relação com o mundo ou fragmentações que mudam radicalmente o sentimento de si. Segundo os episódios biográficos e o curso da existência, o indivíduo pode passar pela tentação do abismo ou ao menos pela tentação de desaparecer, de ser outra pessoa ou, ao inverso, de multiplicar-se. Sem torná-la um princípio de análise, lembramos a proposição de Freud, no último capítulo do livro *Au-delà du principe de plaisir* [Além do princípio do prazer]: "A tendência dominante da vida psíquica, e talvez da vida neurológica em geral, é o esforço para reduzir, manter constante ou suprimir a tensão interna produzida pelos estímulos" (1973: 70). É nesse sentido que Freud invoca um princípio de Nirvana.

A preocupação com a identidade desaparece na vida cotidiana quando as coisas parecem transcorrer naturalmente e quando o entorno não cessa de confirmar que o indivíduo é exatamente aquele que ele pretende ser. O sentimento de continuidade de si em papéis diferentes e nas diversas circunstâncias não provoca então nenhuma dificuldade. A identidade só se torna uma questão quando ela deixa de ser transparente, evidente. O indivíduo então não se reconhece mais e a reciprocidade com os outros é rompida, mesmo com as pessoas que lhe são mais próximas. A ruptura pode vir, por exemplo, de acontecimentos sociais dramáticos. Através deles o indivíduo se sente então coagido a redefinir-se. Não parecendo mais evidente, a manutenção da identidade passa a ser objeto de luta interior. No contexto da Shoah, M. Pollak analisa os procedimentos de deslocamento realizados pelas autoridades alemãs dos campos de concentração e, de maneira direta, a vontade de "despersonalização" (1990: 261) aplicada aos deportados desde sua entrada nos campos para destruir sua antiga identidade. Às vezes a guerra civil, a confrontação com o racismo, a invasão de um exército estrangeiro, o êxodo, um traumatismo, possuem o mesmo impacto de transformação de si ajustando-se ao pior, mas visando a não desaparecer. A experiência do desemprego, da migração, da separação, do luto, da doença grave muda igualmente o sentimento de identidade do indivíduo. No contexto de um confronto com uma adversidade radical, a sobrevivência implica "colocar certa distância entre si e sua experiência, para melhor lidar com ela" (BETTELHEIM, 1979: 61). Ela implica uma flexibilidade e um nível de ajustamento segundo as capacidades do indivíduo. Mas muitos fracassam nessas tentativas e morrem ou se deixam levar.

O eu da pessoa, entendido no sentido de sua reflexibilidade sobre os acontecimentos, nem sempre está no mesmo nível: a doença, a dor, a fadiga e muitas circunstâncias afetivas modificam seu teor. E às vezes a soma infinita de personagens contidos em si se inibe, o indivíduo se enrola, se afunda em sua própria existência, fracassa ao tentar reproduzir seus diferentes papéis ao longo da jornada. Se geralmente um indivíduo tem uma evidência de ser ele mesmo e uma impossibilidade de pensar-se outro, outros indivíduos, em contrapartida, se sentem fechados em si e intimidados pelas circunstâncias ou pela vida que levam. Eles se sentem destruídos entre as diferentes versões que deles mesmos apresentam. E o esforço para manter essa unidade pode ser excessivamente pesado.

Entretanto, uma mudança radical nem sempre implica um acontecimento traumático ou feliz que de repente subverte efetivamente a relação com o mundo, ele às vezes se instala lentamente, com o passar do tempo. Discretamente ele incrusta diariamente seu grão de areia que pouco a pouco trava o movimento regular da pessoa. Esta se torna lentamente outra, estrangeira a si mesma, como acontece em algumas demências, e com o Alzheimer. Cada ser humano é feito mais de imprevisibilidade do que de certezas. Nossas existências são feitas tanto de oportunidades perdidas quanto de acontecimentos que as pontuam. Nenhum indivíduo consegue viver todas as virtualidades contidas nele mesmo, tampouco imaginá-las. Cada minuto que passa deixa atrás de si uma infinidade de vidas possíveis que se foram como um sopro. O acaso, o que o indivíduo faz dele, seus desejos por novas oportunidades ou seu abandono às circunstâncias desenham percursos pessoais que poderiam ter sido radicalmente outros.

Os homens, dizia em essência Kant, não são feitos dessas madeiras duras e retilíneas com as quais fazemos mastros. Se às vezes, para alguns, existe ao longo da vida uma espécie de fidelidade a si mesmo, uma coerência, outros conhecem rupturas improváveis. Estes se tornam irreconhecíveis a si mesmos e aos outros, cabendo-lhes várias vidas diferentes. Mas, em princípio, cada existência, mesmo a mais tranquila, contém um número infinito de possibilidades que a cada instante reorganiza suas virtualidades.

As tentações da subjetividade contemporânea

> *Desaprender. Descondicionar seu nascimento. Esquecer seu nome. Estar nu. Despojar-se de suas velhas roupas. Desvestir sua memória. Desfazer suas máscaras.*
>
> Jacques Lacarrière. *Sourates* [Suras].

Ao longo deste livro seguimos as múltiplas pistas do desaparecimento de si e alguns estratagemas de nossos contemporâneos para deslizar entre as malhas do tecido social e renascer alhures sob outra versão de si mesmos ou para apagar-se na discrição, na solidão, na ausência... Tentações múltiplas de desprender-se das coerções de uma identidade que por vezes os farta. Exemplos felizes e infelizes desfilaram ao longo destas páginas. Muitos dados sem dúvida ganhariam em interesse se fossem mais longamente desenvolvidos, mas com o risco de transformar a obra em uma espécie de enciclopédia paradoxal onde a ausência daria carne ao demasiadamente cheio. De maneira ao mesmo tempo leve e sensível, a ambição era a de identificar algumas formas de desaparecimento de si no contexto de nossas sociedades onde sem dúvida a existência é menos dura do que a de outrora, mas também onde a tarefa de ser sujeito é desconfortável para muitos de nossos contemporâneos, independentemente de suas referências culturais ou de seus estatutos sociais.

O branco como exemplo da ausência, da indiferença, não está longe das virtudes paradoxais da sensaboria, da forma como ela aparece na tradição chinesa segundo a descrição de F. Julien (1991): uma espécie de reserva, de desligamento, que autoriza a degustação plena do mundo. O branco está próximo do não agir, do Wu--Wei (cuja significação chinesa é "não"). Figura do neutro, ele traduz o "não escolher", ou, melhor, a indiferença diante da escolha. Segundo R. Barthes, ele assume duas visões: "Um 'não escolher' dividido, preocupado, envergonhado, desaprovado" (2002). Mas não foram essas as experiências que descrevemos ao longo deste texto. E um segundo "não escolher", mas assumido, calmo, diz respeito a um neutro portador de atividade paradoxal, de uma reflexividade que entra em colisão com os imperativos de engajamentos de nossas sociedades, e particularmente naquilo que Barthes denomina "uma ideologia moral da vontade, do querer (agarrar, dominar, viver, impor sua verdade etc.) [...]. Aqui tomaria corpo então um Tao sábio, que por definição não o reconheceríamos" (2002: 223). Tratar-se-ia de uma opção de existir na discrição, fora das costumeiras trilhas, e na tortuosidade dos caminhos, na invenção de uma vida própria, com ritmo próprio, sempre preservando a iniciativa. O indivíduo permaneceria na expectativa, à espera, mas desapossando--se de suas prerrogativas sem renunciá-las completamente. Ele não buscaria hierarquizar os elementos do mundo, mas colocar-se-ia na reserva. Ele não estaria nem na recusa nem no consentimento, mas à espreita.

Se o branco suspende o mundo de maneira provisória ou durável, ele é também uma virtualidade infinita, uma fonte de renovação, mesmo se doloroso para si e para os mais próximos. Ele não é o nada, o vazio, mas outra modalidade da existência, tramada na discrição, na morosidade, no apagamento. Esse branco, em princípio, não é um estado durável, mas um refúgio mais ou menos prolongado, uma espécie de antecâmara. Ele retrata uma postura de espera quando o indivíduo ainda busca seu lugar, que, por sua vez, não cessa de furtar-se. Como ainda não encontrou esse refúgio, o indivíduo se coloca então na retaguarda, ou, ao contrário, na linha de frente. O branco não é absolutamente uma loucura, mesmo que provisória, pois o indivíduo nunca cessa de ser ele mesmo. Embora ele esteja em uma espécie de descanso das representações sociais ordinárias, ele também sabe agir quando as circunstâncias o exigem e sabe retomar a existência em suas próprias mãos após alguns eclipses. Em outras palavras, ele sabe o que faz desfazendo-se de si mesmo. O branco pode às vezes ser um poder, uma energia à espera de seu próximo desdobramento. Suspensão do sentido e não extinção.

Algumas iniciativas às vezes induzem à possibilidade de uma passagem a fim de desincumbir-se da usura de ser si mesmo: elas reservam um tempo de descanso, de alívio, de férias de si. Demasiada doação implica recompor-se, retomar fôlego e eventualmente refazer seu prazer de viver por uma retirada cotidiana ou por um longo parêntesis a fim de, em última análise, encontrar-se. Neste caso, o desaparecimento das coerções ligadas à identidade é um fato benfazejo. Ele evoca a reflexão de Montaigne: "Precisamos reservar-nos um quarto de fundo totalmente nosso, aberto, no qual estabelecemos nossa verdadeira liberdade, lugar primordial de retiro e solidão" (MONTAIGNE, 1969: 292). A escrita, a leitura, de maneira geral a criação, a caminhada, a viagem, a meditação etc. são outros refúgios de contornos menos cáusticos dos que os percorridos a passos largos neste livro. São lugares onde ninguém precisa mais prestar contas a ninguém, espaços de suspensão feliz e benfazeja de si, um desvio que leva a si após algumas horas ou dias, ou mais. Trata-se de meios de encontrar a própria vitalidade, a própria interioridade, o próprio prazer de viver.

Referências

ABGRALL, J.-M. (1996). *La mécanique des sectes*. Paris: Pocket.

AGAMBEN, G. (1995). *Bartleby ou la création*. Belval: Circé.

AGIER, M. (2002). *Aux bords du monde, les réfugiés*. Paris: Flammarion.

ALBOU, P. (2005). *Alzheimer, Pick, Cotard et les autres*. Paris: Glyphe.

APPELFELD, A. (2011). *Le garçon qui voulait dormir*. Paris: L'Olivier.

ARNAUD, C. (2006). *Qui dit je en nous?* Paris: Hachette Littératures [Col. Pluriel].

AUBENAS, F. (2011). *Le quai de Ouistreham*. Paris: Points.

AUBERT, N. (org.) (2006). *L'Individu hypermoderne*. Toulouse: Érès.

_____ (2003). *Le culte de l'urgence* – La société malade du temps. Paris: Flammarion.

AUBRY, G. (2009). *Personne*. Paris: Calmann-Lévy.

AUDIBERTI, M.-L. (1996). *Le vagabond immobile* – Robert Walser. Paris: Gallimard.

AUSTER, P. (1991). *Moon Palace*. Arles: Actes Sud.

_____ (1988a). *L'Invention de la solitude*. Paris: Livre de Poche.

_____ (1988b). *Trilogie new-yorkaise*. Arles: Babel.

_____ (1987). *Cité de verre*. Arles: Babel.

BAILEY, J. (2000). *Iris Murdoch*: le dénouement. Paris: Fayard.

BALIER, C. (1979). "Pour une théorie narcissique du vieillissement". *L'Information psychiatrique*, vol. 55, n. 6.

BARRAL, E. (1999). *Otaku* – Les enfants du virtuel. Paris: J'ai lu.

BARTHES, R. (2002). *Le neutre*. Paris: Seuil.

BAUDRILLARD, J. (2004). *Le Pacte de lucidité ou l'intelligence du mal*. Paris: Galilée.

BEAUNE, J.-C. (1983). *Le vagabond et la machine* – Essai sur l'automatisme ambulatoire. Seyssel: Champ-Vallon.

BECKER, H. (1985). *Outsiders*. Paris: Métailié.

BECKETT, S. (1974). *Oh les beaux jours*. Paris: Minuit.

_____ (1972). *L'Innommable*. Paris: UGE.

_____ (1950). *Nouvelles et textes pour rien*. Paris: Minuit.

_____ (1947). *Murphy*. Paris: Minuit.

BELORGEY, J.-M. (1989). *La vraie vie est ailleurs* – Histoires de ruptures avec l'Occident. Paris: Lattès.

BENJAMIN, W. (2000). *Œuvres*. Vol. 3. Paris: Folio [Org. Robert Walser].

BETTELHEIM, B. (1979). *Survivre*. Paris: Pluriel.

BLANCHOT, M. (1969). *L'Entretien infini*. Paris: Gallimard.

_____ (1959). *Le livre à venir*. Paris: Gallimard.

_____ (1955). *L'Espace littéraire*. Paris: Gallimard.

BLANCO, J. (org.) (1986). *Pessoa en personne*. Paris: La Différence.

BOBIN, C. (2002). *La présence pure*. Paris: Gallimard.

BONNET, A. & PEDINIELLI, J.-L. (2013). *Les conduites à risque*. Paris: Armand Colin.

BOUVIER, N. (1992). *Routes et déroutes* – Entretiens avec Irène Lichtenstein-Fall. Genebra: Metropolis.

_____ (1982). *Le poisson-scorpion*. Paris: Folio.

BRÉCHON, R. (1994). "L'inconsolé". In: *Pessoa*.

BRÉCHON, R. (2008). *Pessoa, le poète intranquille*. Paris: Aden.

BRETON, P. (2003). *Éloge de la parole*. Paris: La Découverte.

_____ (1995). *L'Utopie de la communication*. Paris: La Découverte.

BRETON, P. & LE BRETON, D. (2009). *Le silence et la parole –* Contre les excès de la communication. Toulouse: Érès.

BRUCH, H. (1979). *L'Énigme de l'anorexie*. Paris: PUF.

BUCI-GLUCKSMAN, C. (2001). *L'Esthétique du temps au Japon –* Du zen au virtuel. Paris: Galiléen.

CANETTI, E. (1986). *Masse et puissance*. Paris: Gallimard.

CARADEC, V. (2008). *Sociologie de la vieillesse et du vieillissement*. Paris: Armand Colin.

_____ (2004). *Vieillir après la retraite –* Approche sociologique du vieillissement. Paris: PUF.

CARRÈRE, E. (2000). *L'Adversaire*. Paris: Folio.

CASTEL, R. (2009). *La montée des incertitudes*. Paris: Seuil.

_____ (1995). *Les métamorphoses de la question sociale*. Paris: Fayard.

CHOBEAUX, F. (2004). *Les nomades du vide*. Arles: Actes Sud.

CHRETIEN, J.-L. (1996). *De la fatigue*. Paris: Minuit.

CIORAN (1979). *Écartèlement*. Paris: Gallimard.

COCHET, F. (org.) (2010). *Jeu du foulard et autres jeux d'évanouissement –* Pratiques, conséquences et prévention. Paris: L'Harmattan.

_____ (2001). *Nos enfants jouent à s'étrangler... en secret. Le jeu du foulard*. Sens: François-Xavier de Guibert.

COHADON, F. (2000). *Sortir du coma*. Paris: Odile Jacob.

COLLAUD, T. (2003). *Le statut de la personne démente*. Friburgo: Academic Press Fribourg.

COSLIN, P. (2012). *Jeux dangereux, jeunes en danger*. Paris: Armand Colin.

_____ (2003). *Les conduites à risque à l'adolescence*. Paris: Armand Colin.

COULOMBE, M. (2010). *Le monde sans fin des jeux vidéo*. Paris: PUF.

D'ARINO, F. (2006). *Manuale di sparizione* – La sfida dell'invisibilità nella società del controllo. Roma: Castelvecchi.

DAGNAUD, M. (2008). *La teuf essai sur le désordre des générations*. Paris: Seuil.

DARDY, C. (1998). *Identités de papier*. Paris: L'Harmattan.

DAUMAL, R. (1953). *Lorsque l'aube paraît*. Paris: Gallimard.

DE BEAUVOIR, S. (1970). *La vieillesse*. Paris: Gallimard.

DE GAULEJAC, V. (2009). *Qui est "je"?* Paris: Seuil.

_____ (2005). *La société malade de la gestion* – Idéologie gestionnaire, pouvoir managérial et harcèlement social. Paris: Seuil.

DE VAN, M. (2013). *Stéréoscopie*. Paris: Allia.

DEJOURS, C. (2012). *La panne* – Repenser le travail et changer la vie. Paris: Bayard.

_____ (2004). "La fatigue d'être soi: revers de l'émancipation ou signe d'aliénation". *Revue Française de Psychosomatique*, Hors série: Vivre fatigué.

_____ (2000). *Travail, usure mentale*. Paris: Bayard.

_____ (1998). *Souffrance en France* – La banalisation de l'injustice sociale. Paris: Points.

DELAIGUE, A. (2007). "L'ivresse des grandes écoles". In: HUERRE, P. & MARTY, F. (orgs.). *Alcool et adolescence* – Jeunes en quêtes d'ivresse. Paris: Albin Michel.

DELEUZE, G. (1992). "'L'épuisé', postface à S. Beckett". *Quad*. Paris: Minuit.

DESCOMBES, V. (2004). *Le complément de sujet*. Paris: Gallimard.

DIBIE, P. (1998). *La passion du regard*. Paris: Métailié.

DOI, T. (1988). *Le jeu de l'indulgence*. Paris: L'Asiathèque.

DONNET, J.-L. & GREEN, A. (1973). *L'Enfant de ça: Psychanalyse d'un entretien* – La psychose blanche. Paris: Minuit.

DREUIL, D. (2010). "Le vécu d'attente en institution gérontologique". In: *Le Corps vécu chez la personne âgée et la personne handicapée*. Paris: Dunod.

DUBAR, C. (2000). *La crise des identités*. Paris: PUF.

DUBET, F. (1994). *Sociologie de l'expérience*. Paris: Seuil.

DUPERRAY, A. (org.) (1995). *L'Œuvre de Paul Auster*. Arles: Actes Sud.

EHRENBERG, A. (1998). *La fatigue d'être soi* – Dépression et société. Paris: Odile Jacob.

ELLENBERGER, H. (1974). *À la découverte de l'inconscient* – Histoire de la psychiatrie dynamique. Paris: Simep.

ENRIQUEZ, E. (1995). "Approches du for intérieur". In: HAROCHE, C. et al. *Le for intérieur*. Paris: PUF.

ERIKSON, E. (1972). *Adolescence et crise* – La quête de l'identité. Paris: Flammarion.

ERNAUX, A. (1997). *Je ne suis pas sortie de ma nuit*. Paris: Gallimard.

FAGUÉ, P. (1998). *Disparus?* Comment les retrouver. Paris: Marabout.

FÉDIDA, P. (2009). *Des bienfaits de la dépression* – Éloge de la psychothérapie. Paris: Odile Jacob.

FELLOUS, C. (1989). *Rosa Gallica*. Paris: L'Arpenteur.

FERREY, G. & LE GOUES, G. (2008). *Psychopathologie de la personne âgée*. Paris: Masson.

FRANCŒUR, M. (2010). *Fin de vie en établissement gériatrique*. Grenoble: PUG.

FREUD, S. (1978). *Introduction à la psychanalyse*. Paris: Payot.

_____ (1973). *Essais de psychanalyse*. Paris: Payot.

_____ (1968). *Métapsychologie*. Paris: Gallimard.

FURTOS, J. (2009). *De la précarité à l'auto-exclusion*. Paris: Rue d'Ulm.

_____ (2008). "Le syndrome d'auto-exclusion". In: FURTOS, J. (org.). *Les Cliniques de la précarité* – Contexte social, psychopathologie et dispositifs. Paris: Masson.

GAUCHET, M. (2004). *Un monde désenchanté?* Ivry-sur-Seine: Éditions de l'Atelier.

GENNART, M. (2011). *Corporéité et présence* – Jalons pour une approche du corps dans la psychose. Argenteuil: Le Cercle Herméneutique.

GIL, J. (1988). *Fernando Pessoa ou la métaphysique des sensations*. Paris: La Différence.

GOLDBERG, F. & GUTTON, P. (1996). "L'errance à l'adolescence: une addiction d'espace ?" In: AIN, J. (org.). *Errances* – Entre dérives et ancrages. Toulouse: Érès.

GONCHAROV, I. (1988). *Oblomov*. Paris: Livre de Poche.

GREEN, A. (1983). "Atome de parenté et relations œdipiennes". In: LÉVI-STRAUSS, C. (org.). *L'Identité*. Paris: PUF.

GUILLAUME, M. (1989). *La Contagion des passions*. Paris: Plon.

GZIL, F. (2009). *La maladie d'Alzheimer* – Problèmes philosophiques. Paris: PUF.

HACKING, I. (2003). *Les fous voyageurs*. Paris: Les Empêcheurs de penser en rond.

_____ (1998). *L'Âme réécrite* – Étude sur la personnalité multiple et les sciences de la mémoire. Paris: Les Empêcheurs de penser en rond.

HERFRAY, C. (1988). *La vieillesse* – Une interprétation psychanalytique. Paris: Epi-Desclée de Brouwer.

HIRIGOYEN, M.-F. (2007). *Les nouvelles solitudes* – Le paradoxe de la communication moderne. Paris: La Découverte.

HUERRE, P. & MARTY, F. (orgs.) (2007). *Alcool et adolescence* – Jeunes en quêtes d'ivresse. Paris: Albin Michel.

INOUE, Y. (2004). *Histoire de ma mère*. Paris: Stock.

JABES, E. (1987). *Le livre des marges*. Paris: Livre de Poche.

JACQUIN, P. (1987). *Les indiens blancs* – Français et Indiens en Amérique du Nord (XVIe-XVIIIe siècles). Paris: Payot.

JAMES, W. (1999). *Précis de psychologie*. Villethierry: Éditions de la Bibliothèque de l'homme.

JANET, P. (2005). *L'Automatisme psychologique* – Essai de psychologie expérimentale sur les formes inférieures de l'activité humaine. Paris: L'Harmattan.

_____ (1975). *De l'angoisse à l'extase* – Études sur les croyances et les sentiments. 2 vols. Paris: Société Pierre Janet.

JANKÉLÉVITCH, V. (1977). *La mort*. Paris: Champs Flammarion.

JAWORSKA, A. (1999). "Respecting the Margins of Agency: Alzheimer's Patients and the Capacity to Value". *Philosophy and Public Affairs*, vol. 28, n. 2.

JOLIVET, M. (2010). *Japon, la crise des modèles*. Arles: Picquier.

_____ (2002). *Homo Japonicus*. Arles: Picquier.

JULIEN, F. (1991). *Éloge de la fadeur* – À partir de la pensée et de l'esthétique de la Chine. Paris: Livre de Poche.

KAUFMANN, J.-C. (2008). *Quand je est un autre* – Pourquoi et comment ça change en nous? Paris: Pluriel.

_____ (2007). *Ego* – Pour une sociologie de l'individu. Paris: Pluriel.

_____ (2003). *L'Invention de soi* – Une théorie de l'identité. Paris: Armand Colin.

KELEN, J. (2005). *L'Esprit de solitude*. Paris: Albin Michel.

KESTEMBERG, E.; KESTEMBERG, J. & DECOBERT, S. (1972). *La faim et le corps*. Paris: PUF.

KLEIN, E. (2013). *En cherchant Majorana* – Le physicien absolu. Paris: Équateurs.

KLEINMAN, A. & GOOD, B. (orgs.) (1985). *Culture and Depression* – Studies in the Anthropology and Cross-Cultural Psychiatry of Affect and Disorder. Berkeley: University of California Press.

KRAKAUER, J. (2008). *Into the wild*. Londres: Pan Books.

KUNDERA, M. (1995). *La lenteur*. Paris: Gallimard.

LACADEE, P. (2010). *Robert Walser* – Le promeneur ironique. Nantes: Cécile Defaut.

LAHIRE, B. (1998). *L'Homme pluriel* – Les ressorts de l'action. Paris: Nathan.

LAPIERRE, N. (1995). *Changer de nom*. Paris: Stock.

LAPLANTINE, F. (2013). *L'Énergie discrète des lucioles* – Anthropologie et images. Paris: Academia-L'Harmattan.

_____ (2007). *Le sujet* – Essai d'anthropologie politique. Paris: Téraèdre.

LAPOUGE, G. (1976). *Les Pirates*. Paris: Balland.

LAWRENCE, T.E. (1969). *Les Sept Piliers de la sagesse*. Vol. 1. Paris: Payot.

_____ (1955). *La Matrice*. Paris: Gallimard.

LE BRETON, D. (2013). *Une brève histoire de l'adolescence*. Paris: J.-C. Béhar.

_____ (2012). *Conduites à risque* – Des jeux de mort au jeu de vivre. Paris: PUF.

_____ (2011). *Anthropologie du corps et modernité*. Paris: PUF.

_____ (2010). *Expériences de la douleur* – Entre destruction et renaissance. Paris: Métailié.

_____ (2007). *En souffrance* – Adolescence et entrée dans la vie. Paris: Métailié.

_____ (2006). *Des visages* – Essai d'anthropologie. Paris: Métailié.

_____ (2003). *La peau et la trace* – Sur les blessures de soi. Paris: Métailié.

_____ (2002). *Ces ados qui en prennent* – Sociologie des consommations toxiques adolescentes. Toulouse: PUM.

_____ (2000). *Passions du risque*. Paris: Métailié.

_____ (1997). *Du silence*. Paris: Métailié.

LE GOUES, G. (2000). *L'Âge et le principe de plaisir*. Paris: Dunod.

LE RU, V. (2008). *La Vieillesse* – De quoi avons-nous peur? Paris: Larousse.

LEIRIS, M. (1976). *Frêle bruit*. Paris: Gallimard.

LÉVI-STRAUSS, C. (org.) (1983). *L'Identité*. Paris: PUF.

LOURENÇO, E. (1990). *Pessoa, l'étranger absolu*. Paris: Métailié.

MacLEOD, S. (1982). *Anorexique*. Paris: Aubier.

MAISONDIEU, J. (1989). *Le crépuscule de la raison*. Paris: Bayard.

MALROUX, C. (2005). *Chambre avec vue sur l'éternité*. Paris: Gallimard.

MANKELL, H. (2007). *Tea Bag*. Paris: Points.

MARTY, F. (2007). "La dépendance, un déni de la perte – La dépression masquée". In: HUERRE, P. & MARTY, F. (orgs.). *Alcool et adolescence* – Jeunes en quêtes d'ivresse. Paris: Albin Michel.

MARZANO, M. (2012). *Légère comme un papillon*. Paris: Grasset.

MAZEAU, J. (1999). *Enquête sur les disparitions*. Lausanne: Favre.

MELMAN, C. (2009). *La nouvelle économie psychique* – La façon de penser et de jouir aujourd'hui. Toulouse: Érès.

MELVILLE, H. (1951). "Bartleby l'écrivain". In: *Benito Cereno*. Paris: Gallimard.

_____ (1941). *Moby Dick*. Paris: Livre de Poche.

MESSY, J. (2002). *La personne âgée n'existe pas*. Paris: Payot.

MEUNIER, J. (1987). *Le monocle de Joseph Conrad*. Paris: Payot.

MICHAUX, H. (2000). *Qui je fus*. Paris: Gallimard.

MOLINIER, P. (2008). *Les Enjeux psychiques du travail*. Paris: Payot.

MONTAIGNE, M. (1969). *Essais* – Livre l. Paris: Garnier-Flammarion.

MONTANI, C. (1995). *La Maladie d'Alzheimer* – "Quand la psyché s'égare". Paris: L'Harmattan.

MOREIRA, V. (2003). "La dépression dans la postmodernité". In: GRANGER, B. & CHARBONNIER, G. *Phénoménologie des sentiments corporels* –Tomo II: Fatigue, lassitude, ennui. Argenteuil: Le Cercle herméneutique.

MULHERN, S. (2001). "La personnalité alternante: de l'acteur social à la personne légale". In: SAUVAGNAT, F. (org.). *Divisions subjectives et personnalités multiples*. Rennes: PUR.

NABOKOV, V. (1991). *La défense Loujine*. Paris: Folio.

OATES, J.C. (2011). *J'ai réussi à rester en vie*. Paris: Points.

PACHET, P. (2007). *Devant ma mère*. Paris: Gallimard.

_____ (1988). *La force de dormir*. Paris: Gallimard.

PEREC, G. (1998). *Un homme qui dort*. Paris: J'ai lu.

PESSOA, F. (1994). *Je ne suis personne* – Une anthologie. Paris: Christian Bourgois.

_____ (1988). *Le livre de l'intranquillité*. Paris: Christian Bourgois.

PIRANDELLO, L. (1965). *Feu Mathias Pascal*. Paris: Livre de Poche.

PLOTON, L. (2004). *Maladie d'Alzheimer* – À l'écoute d'un langage. Lion: Chronique Sociale.

_____ (1990). *La personne âgée* – Son accompagnement médical et psychologique et la question de la démence. Lion: Chroniques Sociales.

PLOTON, L. & CYRULNIK, B. (orgs.) (2014). *Résilience et personnes âgées*. Paris: Odile Jacob.

POLLAK, M. (1990). *L'Expérience concentrationnaire* – Essai sur le maintien de l'expérience sociale. Paris: Métailié.

PONS, P. (1988). *D'Edo à Tokyo*. Paris: Gallimard.

POST, S.G. (1995). *The Moral Challenge of Alzheimer Disease*. Baltimore: The John Hopkins University Press.

PROLONGEAU, H. (2001). *Partis sans laisser d'adresse* – Ces gens qui décident de tout quitter. Paris: J'ai lu.

PROUST, M. (1988). *Du côté de chez Swann*. Paris: Livre de Poche.

QUESEMAND ZUCCA, S. (2007). *Je vous salis ma rue* – Clinique de la socialisation. Paris: Stock.

QUINODOZ, D. (1994). *Le vertige*: entre angoisse et plaisir. Paris: PUF.

RAIMBAULT, G. & ELIACHEFF, C. (1989). *Les indomptables* – Figures de l'anorexie. Paris: Odile Jacob.

REZVANI, S. (2007). *L'Éclipse*. Arles: Actes Sud.

RHINEHART, L. (2009). *L'Homme-dé*. Paris: L'Olivier.

RICHMOND, D. (1994). *How to Disappear Completely and Never Be Found*. Nova York: Citadel.

ROSA, H. (2013). *Accélération* – Une critique sociale du temps. Paris: La Découverte.

ROSENTHAL, O. (2007). *On n'est pas là pour disparaître*. Paris: Folio.

RUSSELL, P. et al. (2008). "Unintentional strangulation deaths from the 'choking game' among youths aged 6-19 years – United States, 1995-2007". *Jama*, vol. 299, n. 12.

SACKS, O. (2009). *Musicophilia* – La musique, le cerveau et nous. Paris: Seuil.

SAUVAGNAT, F. (org.) (2001). *Divisions subjectives et personnalités multiples*. Rennes: PUR.

SCHUTZ, A. (2007). *Essai sur le monde ordinaire*. Paris: Le Félin.

SCIASCIA, L. (1977). *La disparition de Majorana*. Paris: LN-Maurice Nadeau.

SEBAG-LANOË, R. (2001). *Vivre, vieillir et le dire*. Paris: Desclée de Brouwer.

SEELIG, C. (1992). *Promenades avec Robert Walser*. Paris: Rivages Poche.

SIMENON, G. (1945). *La fuite de monsieur monde*. Paris: Presses Pocket.

TABUCCHI, A. (1998). *Une malle pleine de gens*. Paris: Christian Bourgois.

TISSERON, S. (2008). *Virtuel mon amour* – Penser, aimer, souffrir à l'ère des nouvelles technologies. Paris: Albin Michel.

TUAN, Y. (1982). *Segmented Worlds and the Self*: Group Life and Individual Consciousness. Mineápolis: University of Minnesota Press.

UNRUH, D. (1983). *Invisible lives* – Social worlds of the aged. Beverly Hills: Sage.

URBAIN, J.-D. (2002). *Secrets de voyage* – Menteurs, imposteurs et autres voyageurs impossibles. Paris: Payot.

UTZ, P. (1999). *Robert Walser* – Danser dans les marges. Carrouges: Zoé.

VALÈRE, V. (1978). *Le pavillon des enfants fous*. Paris: Livre de Poche.

WALLRAFF, G. (2010). *Infiltré* – Parmi les perdants du nouveau monde. Paris: La Découverte.

_____ (1987). *Tête de Turc*. Paris: Livre de Poche.

WALSER, R. (2000). *L'Homme à tout faire*. Lausanne: L'Âge d'homme.

_____ (1985). *Les enfants Tanner*. Paris: Folio.

_____ (1960). *L'Institut Benjamenta*. Paris, Tel Gallimard.

WEBER, M. (1965). *Essais sur la théorie de la science*. Paris: Plon.

WIDLÖCHER, D. (1983). *Les Logiques de la dépression*. Paris: Fayard.

WINNICOTT, D.W. (1969). "La capacité d'être seul". In: *De la pédiatrie à la psychanalyse*. Paris: Payot.

Conecte-se conosco:

f facebook.com/editoravozes

◉ @editoravozes

🐦 @editora_vozes

▶ youtube.com/editoravozes

🟢 +55 24 2233-9033

www.vozes.com.br

Conheça nossas lojas:

www.livrariavozes.com.br

Belo Horizonte – Brasília – Campinas – Cuiabá – Curitiba
Fortaleza – Juiz de Fora – Petrópolis – Recife – São Paulo

  Vozes de Bolso

EDITORA VOZES LTDA.
Rua Frei Luís, 100 – Centro – Cep 25689-900 – Petrópolis, RJ
Tel.: (24) 2233-9000 – E-mail: vendas@vozes.com.br